INOCENCIA PERDIDA

INOCENCIA PERDIDA

MAGDA GUARIDO JONEMA

Círculo Rojo
EDITORIAL

Primera edición: abril 2019
Segunda edición: febrero 2020

Depósito legal: AL.801-2019
ISBN: 978-84-1317-879-0

Impresión y encuadernación: Imprenta Villegas SL

©Del texto: Magda Guarido Jonema
©Maquetación y diseño: Equipo de Editorial Círculo Rojo
©Fotografía de cubierta: Proporcionada por el autor

Editorial Círculo Rojo
www.editorial circulorojo.com
info@editorialccirculorojo.com

Dedicatoria

El camino de una persona que pretende llegar a ser escritor/a es largo y arduo: mucho trabajo, estudio y planteamiento del contenido de tu obra, etcétera. Pero el que sigue un sueño con todas sus fuerzas y encima se rodea de personas que lo/a apoyan incondicionalmente consigues llegar a tocar tus sueños. Por ello, quiero dedicar esta novela a mis hijos, que son los pilares de mi vida y los que me dan ánimo para seguir adelante día a día.

Josuè, Nerea y María, os quiero.

Índice

CAPÍTULO I

Clara era una chica de dieciséis años que había nacido en Barcelona. Siempre había sido una niña despierta y avispada, delgada, con una piel morena y una melena a la altura de los hombros de color canela. Sus ojos verdes hacían que su mirada fuese atractiva y cautivadora, y se había situado seductoramente un lunar en la parte derecha del labio superior. Por su físico, aparentaba más edad de la que tenía; estaba muy feliz de no haber tenido nunca novio y ser todavía virgen, no entendía que muchas de sus amigas ya hubiesen tenido su primera relación sexual y les decía que quería estrenarse con alguien especial de verdad, con el amor de su vida o incluso, por qué no, con el que sería su marido. Sus amigas opinaban que eso eran tonterías, que estaba pasado de moda, pero Clara sonreía y seguía jugando a ser mayor.

Hija de madre soltera, siempre había vivido entre prostitutas; su propia madre practicaba esta profesión desde joven.

Era una gran estudiante, tanto daba que fuera Historia, que Ciencias… siempre sacaba notas por encima de la media. Todo ese esfuerzo buscaba conseguir el gran sueño de su vida: ser maestra de niños pequeños.

Una noche estaba estudiando sobre su cama para un examen importante, vestida con una camiseta larga y la ropa interior, como siempre que estaba sola por casa, de repente entró su madre a toda prisa y tras ella un hombre que la empujaba.

—Clara, ve a mi habitación y ciérrate dentro, ¡corre! —dijo la madre muy nerviosa.

Ella obedeció asustada, saltó de la cama y corrió hacia la alcoba de su madre, pero no le dio tiempo: tras ella entró aquel hombre nervioso y fuera de sí, bloqueó la puerta con una silla y empujó a la niña sobre la cama. Clara se quedó paralizada y en décimas de segundo se encontró rodeada por los brazos sudorosos.

—¡¡Mamá!! ¡¡¡Mamá, por favor!!!

El hombre la desnudó a la fuerza, le arrancó la camiseta y el pequeño sujetador dejando a su antojo los bellos pechos de Clara; se desabrochó el pantalón mientras forcejeaban.

Al otro lado de la puerta estaba su madre muerta de miedo, abrazaba un pequeño osito de peluche que la niña tenía desde muy pequeñita mientras le resbalaban las lágrimas. El hombre le abrió bruscamente las piernas, bajó la braguita de la joven y la penetró sin pensárselo. Los gritos de dolor que se escucharon fueron desgarradores, luego el sonido de una bofetada y el gélido silencio.

Clara sentía a aquel hombre en su interior, sus ojos

permanecían cerrados, no quería ver el rostro de aquel que le estaba robando su más guardado tesoro. Notaba caer las gotas de sudor en su cuerpo, no entendía aquella situación tan inesperada como desagradable. Ya no gritaba, solo estaba en silencio deseando que terminase pronto y se marchara. César mordió los pezones de la niña y esta chilló de dolor; él puso su mano sobre la boca y continuó con el acto más degradante para una mujer. De repente, inspiró y sacó repentinamente el pene del interior de la chica dejando caer el semen sobre el vientre, lamió la cara de Clara y se levantó. La joven sintió aquel líquido caliente resbalando por las ingles, cerró las piernas y, cogiendo su almohada, ya no pudo retener más su llanto.

—No llores, putita; eres un brillante en bruto y ya verás como al final esto te gustará... Eres igual que tu madre —dijo César mientras se subía la bragueta.

Sacó la silla y abrió la puerta, salió y en el pasillo se encontró a Esther en el suelo; seguía abrazada al osito y llorando en silencio. Sus ojos, llenos de odio, se clavaron en los de aquel hombre y este dijo:

—¡Que no vuelva a pasar! O volveré a follarme a tu hija. ¿Me has entendido, cerda?

La cogió de los pelos y la levantó, la besó fuertemente en la boca y se marchó. Esther se acercó a la puerta de la habitación donde estaba la niña. Clara estaba mirando hacia la pared, acurrucada a su almohada. Se acostó a su lado, la abrazó por la espalda y se unió a su llanto.

—¿Por qué, mamá, por qué? —balbuceó Clara.

—Lo siento, cielo, ese cabrón no volverá a ponerte una mano encima, te lo prometo.

Y así, abrazadas, se quedaron dormidas. Llegaba la noche y Esther se despertó con la piel fría y la cara mojada; seguía abrazada a su hija y esta a su almohada, desnuda y también con la piel fría. Cogió una sábana del armario, la echó sobre el cuerpo de la joven y luego se dirigió a su armario. Como cada día, preparó detalladamente las piezas de ropa que iba a ponerse aquella noche; las colocó sobre su cama y se marchó a la ducha. Abrió la llave del agua esperando a que se calentase; poco a poco el vapor llenó el baño y empañó el espejo. Esther pasó la mano por él dejando su reflejo desfigurado, e, inmersa en su propia mirada, le volvieron los recuerdos de aquella historia que le había contado Irene cuando falleció su madre.

Mientras se duchaba se repetía una y otra vez que no dejaría que su hija viviera una vida tan desdichada como la vivida por ella. Lentamente se vestía, ensimismada, cautiva de unos pensamientos que no le dejaban ver demasiadas salidas. Cuando hubo terminado de acicalarse para una noche más de trabajo, y de una manera mecánica, se dirigió a la cocina y cogió un cuchillo de la cocina, lo envolvió en un trapo, lo escondió dentro del bolso y salió a la calle.

Esther había practicado en su juventud durante muchos

años el bonito deporte del atletismo. Eso había esculpido en ella un bonito cuerpo, delgado pero *fibrado* y duro, con las curvas precisas para convertirse en una preciosa mujer. A la temprana edad de ocho años, fue capitana en el equipo de su escuela. Ya allí comenzó a ganar las medallas y copas que ahora adornaban su salón. Le gustaba cuidarse, por eso seguía corriendo varios kilómetros cada día y así mantenía en forma el cuerpo y la mente despierta.

Había crecido en un pequeño pueblo del extrarradio de Barcelona, un lugar donde las infraestructuras eran escasas y los estudiantes podían escoger entre el fútbol, el baloncesto, el atletismo o la natación, aunque para este último debías disponer de buenos ingresos porque los cursillos no estaban subvencionados y eran algo caros para algunas familias.

Los padres de Esther aprovecharon la pasión que tenía por correr para apuntarla desde muy pequeña a la actividad más económica y allí conoció a César. Era el año 1976. En el pabellón de deportes habían contratado a un nuevo específico para que se dedicara a las corredoras que mostraban cualidades para la competición, y así poder llevarlas a eventos escolares; el resto seguiría con el antiguo, perfeccionándose en la técnica.

Por aquel entonces Esther tenía catorce años y su cuerpo estaba algo más desarrollado que el del resto de las chicas de su edad. Era una chica alegre e independiente, acostumbraba a rodearse de chicos y chicas de cursos superiores, pues pensaba que los de su edad eran «infantiles». A César le llamó la atención desde el primer día, cuando, al llegar a la pista, la vio acercarse con sus zapatillas colgando del hombro, su mini pantalón de espuma y la camiseta de tirantes ceñida, que marcaba sus para entonces pequeños y redondos pechos. Iba riendo y jugando con Marina, su fiel amiga y compañera desde el parvulario.

Marina era una joven rellenita, con el pelo corto y moreno, llevaba gafas y no era demasiado guapa, pero tenía una gran sonrisa. Era hija única y siempre la habían tenido muy consentida, todo lo contrario que a Esther, por eso cada una de ellas ofrecía diferentes experiencias a la otra y así formaban un equipo de primera, tanto, que incluso los maestros tenían que separarlas para que no molestaran al resto de la clase con sus risas y escándalos. Una vez Marina se untó la cara con polvo de talco y se dibujó unas ojeras moradas, se apoyó en la puerta de la clase y llamó fuertemente con el puño. La maestra, al abrir, se encontró con un cuerpo muerto cayendo a sus pies y, al ver la cara pálida de la niña, casi se muere del susto... Claro que eso le costó un fuerte castigo, pero dicen que valió la pena.

César quedó prendado por la alegría que rebosaba Esther y, cuando llegaron a su lado, Marina preguntó:

—¿Es usted el nuevo entrenador? Porque esta chica —dijo señalando a Esther— es la mejor ¡en todo! Es rápida como el viento, vuela como los pájaros cuando salta las vallas y...

Esther le dio un fuerte golpe y la hizo callar, mientras añadía:

—Hola, señor.

La mirada de la chica se cruzó con la de su nuevo entrenador. César era un joven atlético, de tez morena y pelo corto. Tenía unos pequeños ojos verdes y una voz muy pausada y sensual: era más alto que Esther y su delgada constitución lo hacía realmente atractivo.

—¿No es usted muy joven para ser entrenador? —dijo Marina.

El joven sonrió y a Esther se le aceleró el corazón.

—¡A trabajar! —añadió el chico—. Empezaréis con unos estiramientos y unas vueltas suaves por la pista.

Marina resopló, dejó su bolsa en el suelo y se sentó para cambiarse las zapatillas. Esther estaba embobada mirando como César se marchaba hacia el otro lado de la pista, donde estaban el resto de sus compañeras de equipo.

—¡Esther! Despierta... ¿Pero qué te pasa? Ni lo mires... ¡Es tu entrenador! Y además es muy mayor para ti.

La chica se sentó y empezó a quitarse el calzado de calle, sin perder de vista cada movimiento que el joven hacía. De pronto César giró la cabeza y miró a las chicas. Esther se puso colorada y, sin saber dónde mirar, se volvió a colocar sus viejas botas en los pies.

—¿Pero qué haces? ¿Vas a correr con botas? —dijo

Marina.

Las dos chicas se echaron a reír, se cambió el calzado y empezaron con el calentamiento. Al terminar estaban totalmente rendidas, como cada día, y se dirigieron a las duchas. Iban por el pasillo cuando de lejos vio a César acercarse mirando unos papeles.

—Ve delante Marina, ahora llegaré yo —le dijo a su amiga.

—Tú sabrás lo que haces.

Y se metió en los vestuarios. La joven se agachó para atar los cordones de sus zapatillas y al levantarse chocó con César, que estaba ya a su lado.

—¡Ay! No te había visto, disculpa.

Él se quedó pensando su nombre.

—Esther, me llamo Esther.

—Claro, lo sabía, no se me podría olvidar... Sabes, tienes una buena técnica cuando corres, ¿quién te ha enseñado? —preguntó el entrenador.

—Los monitores que hemos ido teniendo aquí en la escuela, nunca he tenido un entrenamiento especial, hasta ahora.

—Bien, pues haré de ti mi mejor corredora, bueno, si tú quieres, claro.

—¡Me encantará! Bueno, me voy, he de ducharme.

La chica entró en el vestuario, se apoyó en la puerta dando un enorme suspiro y le dijo a su amiga:

—Marina, ¡es guapísimo!

Las dos se echaron a reír otra vez y se metieron en las duchas.

—¡Dúchate, anda! —dijo Marina.

Los entrenamientos terminaban a las diez de la noche, y las chicas andaban rápido hacia sus casas mientras no dejaban de hablar de comida. Esther, por su delgadez, podría decirse que no comía nada, pero nada más lejos de la realidad. Su madre solía decirle que, si alguien la veía comer con tanta ansia, pensaría que no le daban de comer en casa.

En el camino se encontraron con un grupo de chicos conocidos en el barrio por buscar siempre peleas y meterse en problemas.

—¿Vamos por la otra acera? —dijo Marina.

—¡No! ¿Por qué hemos de cambiar nosotras? ¿No es acaso nuestra calle también? —contestó enfadada Esther.

—Nenitas... ¿Qué hacéis tan tarde fuera de casita? —se escuchó a lo lejos.

Las chicas siguieron caminando sin hacer caso de lo que escuchaban.

—¡Os he preguntado algo, niñas! ¿Se os ha comido la lengua el gato? —gritó uno de aquellos chicos a la vez que salía corriendo hacia ellas.

—¡Corre, Marina! —dijo Esther dando un grito.

Empezaron a correr calle arriba; eran demasiado rápidas y los jóvenes se dieron por vencidos.

—Les dimos esquinazo... —dijo Esther riendo y casi sin

aliento.

—¡Un día no conseguiremos dejarlos atrás y entonces no te reirás tanto! —replicó su amiga.

—Hasta que ese día llegue no hemos de preocuparnos, ¿no crees? —añadió Esther mientras se despedía con el gesto de su mano.

Vivían las dos muy cerca, tan solo el autoservicio del señor Domingo separaba sus portales. Era la típica tienda de barrio, antigua, y el lugar donde puedes encontrar un poco de todo, y donde habitualmente sus madres hacían la compra mientras intercambiaban críticas sobre el resto de vecinas del barrio.

Marina vivía en la planta baja, en una preciosa casita adosada al edificio. No era demasiado grande, pero sí lo suficiente para sus padres y para ella, ya que, aunque le hubiese encantado tener un hermanito, sus padres decidieron que sería mejor quedarse con una y darle una buena vida y unos buenos estudios. En la parte interior tenía un pequeño jardín en el que su madre acostumbraba a pasar muchas horas cuidando sus flores y plantas. Al entrar a la casa un olor hizo mella en ella.

—¿Qué es esto que huele tan bien, mamá? —dijo relamiéndose.

—He preparado puré de lentejas, como a ti te gusta… —contestó la madre muy cariñosamente.

—¡Oh, mamá! Eres estupenda, no hay nada mejor que una

buena comida después de un entrenamiento como el de hoy.

—¿Ha sido duro entonces? —preguntó su madre asomando la cabeza por la puerta de la cocina.

—¡Uff! Ni te lo imaginas. Ha venido un nuevo entrenador y ¡no veas qué duro es!

Su madre se echó a reír y añadió:

—Anda, exagerada, date una duchita mientras yo termino esto, y luego ¡a la mesa!

Marina hizo lo que su madre le había aconsejado, pero no dejaba de pensar en su gran amiga y confidente.

Esther subió corriendo las escaleras, como siempre, y entró en su casa como un torbellino.

—¡Hola! Ya estoy en casa. ¿Qué hay de cenar, mamá? —voceó Esther desde la entrada.

—Ven, hija, estoy en la cocina —respondió.

Al entrar en la cocina encontró a su madre llorando. A su lado estaba su tía, una de las hermanas de su padre a la que la joven no soportaba.

—Mamá... ¿Por qué lloras? —preguntó Esther angustiada—. ¿Qué pasa, tía?

—Siéntate, cariño, hemos de hablar —susurró la madre.

—¡Mamá, por favor! Ya no soy una niña pequeña —exclamó.

—Tu padre ha tenido un accidente con el camión, hija.

Un brillo apareció en los ojos de la joven, se sentó abatida al lado de su madre y le preguntó:

—¿Cómo está? ¿Dónde está?

Su madre le cogió las manos entre las suyas y, mirándola a los ojos, dijo con voz muy suave:

—Papá ha muerto, hija mía...

Todo quedó en silencio, solo un congojo silenciado nacía en el interior de la chica. Salió corriendo hacia su habitación y se echó sobre la cama. Lloraba desconsoladamente. Su madre y su tía se quedaron en la cocina, dándole tiempo para desahogarse y asimilar la noticia.

Desde la cama observaba una muñeca tirolesa que le había traído su padre en uno de sus viajes hasta que el cansancio la venció.

Por la mañana su madre entró en la habitación y, con mucho cariño, la despertó. Estaba profundamente dormida, después de haber sucumbido al cansancio después de llorar durante horas. Cuando abrió los ojos aún veía a su madre borrosa.

—Dime, mamá.

—Vamos, hija, arriba; hemos de ir al tanatorio.

—¿Al tanatorio he de ir, mamá? No tengo ánimo ni ganas para ver a la gente —preguntó.

—Sí, debes ir. Además, estoy segura de que papá estaría orgulloso de ti si viera lo fuerte que eres en estos momentos tan dolorosos —añadió la madre.

Esther se abrazó a su muñeca tirolesa y miró al techo. Cuando llegaron al tanatorio se encontraron con el resto de sus familiares, vecinos y amigos. Algunos de ellos hacía mucho tiempo que ella no los veía y optó por sentarse en un rincón de la sala de espera y pensar en aquellos tiernos momentos que compartió con su amado padre. Recordó la última vez que salieron juntos al zoológico, en el que a su madre poco más y le da un ataque de risa cuando su padre entró en el recinto de los elefantes para hacerse una foto y, de repente, una de aquellas grandes trompas le roció de pies a cabeza.

—¡Esther! —se escuchó al fondo del pasillo.

Era Marina; había oído la noticia en el barrio y decidió no ir a la escuela para hacer compañía a su mejor amiga. Las dos chicas se abrazaron fuertemente y lloraron juntas en el mismo rincón donde estaba refugiada Esther y, cogidas de la mano, esperaron. Al cabo de un rato, se acercó su madre y le preguntó si deseaba entrar a ver a su padre y esta dijo que no, que prefería recordarlo en vida. Cuando su madre se alejaba, la chica la llamó:

—¡Mamá! Sí, entraré, pero... ¿puede entrar Marina conmigo?

—Sí ,hija, entrad las dos, pero un ratito solamente.

Las chicas se quedaron al lado de la puerta, inmóviles durante unos segundos. Esther soltó la mano de su amiga y se acercó a su padre, acarició con un dedo su mano helada, y susurró:

—Hola, papá... ¿Por qué te has ido tan pronto? Con tantas

cosas que nos quedaban por hacer. Espero que allí donde vas encuentres muchas cosas bonitas y que te quieran mucho... Tanto como te quiero y te querré yo desde aquí. Te prometo que te haré sentir orgulloso.

La chica empezó a llorar de nuevo y Marina se acercó para abrazarla.

—Vamos, Esther...

—Adiós, papi... —añadió Esther entre sollozos.

Al día siguiente el entierro transcurrió con la normalidad que puede tener cualquier entierro; llantos, lamentos y flores ponían música y color a uno de los días más tristes en la vida de Esther.

CAPÍTULO II

Desde la falta de su padre, la vida de Esther cambió bruscamente. Su madre siempre se sentía afligida y se refugiaba en el alcohol. Todos los días al volver de la escuela la encontraba tirada en el sofá, rodeada de botellas vacías, el suelo lleno de envoltorios de comida basura porque ya nunca cocinaba. Esther tenía que encargarse de todo, y también de su madre.

Las notas de Esther en la escuela cayeron en picado, casi nunca hacía los deberes, no preparaba las lecciones en los exámenes y no se preparaba para los exámenes.

A los tres meses, y por las continuas faltas al trabajo, su jefe la llamó y la despidieron porque siempre estaba bebida, aunque ellos nunca dijeron que ese fuera el motivo.

Se gastaron los ahorros hasta llegar a contar solamente con la pensión de viudedad que les había quedado, que no era demasiado espléndida. Las facturas empezaron a acumularse y Esther ya no tenía ganas de nada, ni siquiera de volver al atletismo, deporte que tanto amaba.

Una tarde, al terminar las clases, Marina le dijo:

—César me ha pedido que te lleve al entrenamiento, quiere hablar contigo.

—¿Conmigo? ¿Para qué? ¿Qué quiere de mí? —preguntó Esther.

Marina se encogió de hombros y se puso a andar.

—Vale, iré contigo, pero no porque quiera verle a él, sino porque quiero verte a ti.

Marina se echó a reír y siguió caminando en silencio.

—¿Qué te pasa, Marina? No dices nada... —dijo la joven.

—Eres tú la que me preocupas —respondió Marina sin mirar a su amiga.

—¿Yo? ¿Y eso por qué? ¡Estoy bien, no debes preocuparte! —replicó Esther algo molesta.

Las dos chicas se pararon; Esther giró bruscamente a su amiga, poniéndola frente a ella.

—¡Explícate! —levantó la voz.

—¡Oye, no chilles! —replicó Marina—. Solo veo que ya no eres la misma de antes; ya no te ríes, ya no te cuidas, ya no me llamas para salir.

—No tengo tiempo para esas cosas, tengo mis propios problemas —dijo con la mirada perdida.

—Antes, tus problemas era míos y los míos era tuyos también —dijo Marina empezando de nuevo a andar.

Las dos jóvenes caminaron sin decir nada hasta el pabellón de deportes. A lo lejos vieron a César, se miraron y fueron hacia él.

—Hola, Esther, ¿cómo estás? —dijo César poniendo la mano sobre su hombro y, frunciendo el entrecejo, continuó—

. Estoy enfadado contigo, jovencita. Hace más de tres meses que no apareces por aquí, estás descuidando tu formación como atleta.

—Lo siento mucho, César, pero no seguiré en el equipo, mi madre me necesita a su lado —dijo Esther.

César le pidió a Marina que se uniera a sus compañeras y empezara a correr; cuando esta se marchó, el entrenador pasó el brazo por los hombros de Esther y caminaron por la pista.

—Mira, Esther, te he hecho venir porque he escuchado hablar a las chicas; dicen que puedes tener problemas en casa y que has cambiado.

—¡No! No he cambiado, lo que pasa es que nadie entiende nada. No me apetecen las mismas cosas que antes —se apresuró a responder.

—No te enfades, solo quiero que sepas que puedes contar conmigo. Si tienes problemas económicos, puedo ayudarte, tengo muchos contactos —añadió Cesar mientras acariciaba con su pulgar el rostro de la chica.

Los días pasaban y nada cambiaba: pena, alcohol, ausencia en la escuela... Dos meses más tarde, Esther cumplió los quince años. Habitualmente hacía una fiesta con sus amigas, se enfundaban los pijamas y comían palomitas mientras veían películas de miedo. Su madre y su padre preparaban una tarta de mermelada de arándanos, la preferida de su hija, y todo era genial. Pero aquel año era diferente, todo para ella era diferente. Le faltaba su padre y su madre, aunque en casa, estaba tan alcoholizada que ni sabía en qué día vivía. Sus amigas ya no eran tan amigas y las sentía muy lejanas; solo hubo alguien que no se olvidó.

A las diez de la mañana sonó el teléfono.

—¿Dígame?

—¡Felicidades! —dijo de manera vigorosa Marina.

—¡Marina! Te has acordado... —y se echó a llorar.

—¿Pero qué haces? ¡No llores, tonta! ¿Cómo iba a olvidarme de tu cumpleaños? —afirmó su amiga—. Prepárate que nos vamos a ir al parque a comernos un helado gigante; sé que te encantan, golosona... ja, ja, ja. Estaré en tu casa en media hora, ¿vale?

—Bien, voy a vestirme... —contestó.

Cuando Marina colgó el teléfono, se quedó mirando a su madre, que la miraba fijamente.

—¿Pasa algo, mamá?

—No, hija, sencillamente pensaba en ti. ¿Crees que esta chica es una buena influencia para ti? He escuchado comentarios sobre ella y sobre su madre; parece ser que desde que murió su padre las cosas no andan bien en su casa.

—Mamá, sé a lo que te refieres, pero Esther es mi amiga y debo estar a su lado, y más ahora.

—Solo miro por ti, hija mía; no pretendo hacerle daño a Esther, pero tú eres mi prioridad y no me gusta que andes con ella. Las cosas pueden cambiar para esa chica y entonces te quedarás sola, hija.

—¡Mamá!

Su madre se alejó por el pasillo y ella entró en su habitación, cogió su chaqueta y se marchó.

No demasiado lejos de sus casas había un precioso parque con un lago donde paseaban en barcas y, al otro lado, el zoológico. Desde niñas habían ido allí a jugar y a comer helados, cosa que a las dos las volvía locas. Esther se presentó con unos vaqueros ajustados y una blusa de color canela semitransparente.

—¡Qué guapa estás! —dijo sonriente Marina—. Te sientan bien los quince, ¿eh?

Se echaron a reír y añadió:

—Hacía mucho tiempo que no te veía reír. Vamos.

Bajaron la calle paseando, contándose mil cosas, pero, sobre todo, Marina insistía en que volviese al equipo de atletismo. Desde que se había marchado no conseguían tener una campeona en ninguno de los torneos a los que se presentaban.

—Creo que deberías volver. Ahora ya estás más animada y, además, no es bueno que te encierres en casa tantas horas.

—No lo sé, la verdad es que me gustaría, pero no nos llega el dinero casi ni para pagar las facturas y supone un gasto que mi madre no me permitiría.

—César te ofreció ayuda, dijo que conocía a gente, quizás conozca a alguien que necesite una canguro o una recadera. Algo habrá, ¿no?

—Es posible. ¿Qué hay de ese helado que me has prometido? —preguntó Esther.

—Cierto... ¡Corre, vamos a buscarlo! —Marina salió corriendo y añadió— La última paga...

Esther seguía en forma pese al tiempo que llevaba sin practicar, no le costó alcanzar a su amiga y adelantarla. Al llegar al puesto de helados dijo:

—Ponga un cucurucho gigante de chocolate para mí y uno de vainilla para mi amiga —mientras, abrazaba con cariño a Marina.

—¿Mañana tenéis entrenamiento? —preguntó Esther con voz alegre.

—Sí —contestó Marina mientras daba un enorme chupetón a su helado.

—Iré...

—¿Sí? —gritó emocionada su amiga—. ¡Bien! Será genial volver a estar juntas.

Siguieron comiendo sus helados y paseando por el camino que circunvalaba el lago. Unos patos que había en la orilla correteaban unos tras otros y Esther dijo riendo:

—Mira, Marina, corren como tú...

La joven salió detrás de ella levantando la pierna para darle una patada en el trasero, pero no lo consiguió, resbaló y cayó sobre la hierba.

—Gracias —susurró Esther al tiempo que se acostaba al lado de Marina.

—¿Por qué?

—Nadie más se ha acordado de mi cumpleaños, y pensaba que tú ya no querías saber nada de mí.

—¿Has visto qué azul está el cielo? Hace unos días había tormentas, pero ya se disiparon... —dijo Marina bajito mientras miraba de reojo a su mejor amiga.

Era aún temprano cuando volvieron a casa; en el portal las esperaba la madre de Marina, Esther la saludó con la mano, abrazó a su amiga y subió a casa.

Al día siguiente en la escuela, Esther estaba algo ausente. Por su cabeza pasaban mil maneras de presentarse de nuevo al equipo. Se sentía vigilada y observada cuando caminaba por los pasillos, las chicas susurraban a su espalda, pero no tenía el valor suficiente para llamarles la atención.

Sonó la campana que anunciaba el fin a las clases y salió corriendo en busca de Marina, pero en el pasillo tropezó con el director.

—¡Más despacio, jovencita! —dijo firmemente—. En los pasillos no se corre.

—Perdón, señor director.

Marina también salía corriendo y, al ver a su amiga con el director, frenó en seco y prosiguió caminando. Cuando estuvo al lado de Esther le hizo un gesto de burla, el director la miró y se puso serio pensando que era por él.

—Hola, señor.

Cuando se marchó, las chicas se echaron a reír y salieron de la escuela directamente al pabellón de deportes.

—Marina, me siento algo extraña. ¿Qué dirá César? Además, aún no sé cómo pagaré las clases sin que lo sepa mi madre.

—Eso ya lo solucionaremos, lo primero es recuperar el ritmo y luego ya vendrá el resto —añadió la joven.

Estaban en los aledaños del pabellón cuando escucharon una voz:

—¡Esther! —se escuchó a lo lejos.

Apareció César corriendo con cara de alegría por la presencia de la chica.

—¡Qué alegría verte, chica! Pensé que no volverías por aquí.

—Viene a entrenar —dijo Marina.

—¿Sí? Pues venga a cambiarse, señoritas —dijo César guiñándole un ojo a Esther.

Aquella tarde fue emocionante, tenía tantas ganas de volver a los entrenamientos que su energía brotaba por cada poro de su cuerpo. Corrió y saltó las vallas como nunca; en lugar de cansarse parecía recargarse de vitalidad con cada prueba. César la observaba constantemente y sonreía, sabía que tenía un gran futuro y quería explotar su potencial al máximo para conseguir que fuese la mejor.

Al terminar, Esther se acercó a su entrenador y le dijo:

—Antes de continuar me gustaría decirte algo. Mi madre no sabe que he vuelto, no sé si voy a poder pagar las cuotas ni si me dejará continuar, pero quiero que sepas que haré todo lo que esté en mi mano para seguir practicando.

—Así me gusta que hables, tienes mucho dentro de ti para dar al equipo y me gustaría que estuvieras en él mucho tiempo —respondió César.

Aquella noche al regresar a su casa, encontró a su madre tumbada en el sofá, como casi siempre. La joven se sentó a su lado y le preguntó:

—¿Por qué has de beber tanto? Las cosas han de cambiar, has de conseguir un empleo y aceptar que papá ya no está con nosotras...

—¡Déjame! Estoy bien así —dijo su madre furiosa.

—Mamá, te estás matando, y me estás hundiendo a mí también. No sé si sabes que ayer hice quince años, ya no soy una cría a la que tú puedas amargar. ¡Quiero hacer algo en mi vida...!, y me gustaría tener una madre con quién compartirlo.

Esther salió de casa dando un portazo, y se sentó en las escaleras de su portal. Era una noche con luna y allí pasó varias horas recordando las veces que junto a su padre se había sentado y él le hablaba de las estrellas e imaginaban dibujos con las nubes. Cuando subió, su madre se había quedado dormida; le puso una manta por encima, recogió la botella de vodka, vació el resto de contenido por la fregadera y se acostó.

Dio vueltas en la cama sin poder conciliar el sueño, eran tantos los frentes abiertos que tenía que la cabeza le daba mil vueltas, hasta que finalmente el cansancio pudo con su cuerpo. Al levantarse, allí seguía su madre durmiendo la mona. Preparó el almuerzo y escogió la ropa para ir a la escuela. ¿Sería verdad lo que le dijo una vez su amiga? ¿Ya no se arreglaba como antes? Quedó pensativa unos segundos, recogió la ropa que tenía tirada por la habitación, hizo su cama y se vistió con unos pantalones color vino y una camiseta corta que dejaba ver su ombligo.

—¡Así! Esa sí soy yo.

Se encontró con Marina en la calle y le dijo muy segura:

—Marina, a partir de hoy labraré un futuro para mí. Mi padre se fue pero sigue aquí conmigo, lo siento en mi corazón, y él me da el aliento necesario para seguir adelante. Tengo mucho por hacer, lo primero es recuperar mis buenas notas.

Marina no contestó, solo se fundieron en un abrazo y empezaron a caminar hacia la escuela. Marina sabía que ya nada podía frenar a su amiga, pero le asustaba tanta seguridad. ¿Sería bueno? ¿O era una sombra ficticia de su desánimo?

Fueron pasando los días y Esther había transformado su vida en una rutina diaria: escuela, entrenamientos, cuidar de su casa y de su madre. En la escuela, todo era como antes: sus notas mejoraron una barbaridad y su imagen era estupenda; sus compañeras ya no susurraban, al contrario, volvieron a acercarse a ella de nuevo. Incluso, como se encargaba de hacer las compras y los pagos, sisaba a su madre para poder pagar los recibos de atletismo.

Marina se sentía orgullosa de ella, pero algo desplazada: Esther, en su empeño por recuperar su antigua vida, había olvidado un poco la amistad que las unía.

—¿Dónde vas esta tarde, Esther? ¿Vamos a comer un helado juntas? —dijo Marina al encontrarse con ella en los pasillos.

—Lo siento, he quedado con María e Isabel para terminar el trabajo de Lenguaje.

—Vaya... Bueno, no te preocupes, iré sola... —contestó cabizbaja.

Recordó entonces entre sollozos las palabras de su madre: «será buena influencia para ti, las cosas pueden cambiar para esa chica y entonces te quedarás sola, hija».

Era la recta final del curso y los primeros síntomas de la primavera asomaban ya por las ventanas: los brotes de flor en los árboles, el sol empezaba a calentar y los días se iban alargando. Estaban a punto de empezar los campeonatos entre escuelas y Esther entrenaba duro para conseguir alguna copa. A veces se quedaba una hora más entrenando con César, que más que el entrenador del equipo se había convertido en el suyo personal, algo que incomodaba al resto del equipo. Esther se había vuelto algo soberbia y llamaba la atención del entrenador cuando este dedicaba tiempo a alguna de sus compañeras.

Una tarde, mientras entrenaba los 100 metros vallas, entró corriendo una de las chicas.

—¡Esther! ¡Esther!

—¿Qué quieres, pesada?

—He escuchado en el barrio que se han llevado a tu madre al hospital, le ha dado un ataque de no sé qué.

—¡Joder!

Esther salió corriendo, sin cambiarse tan siquiera de ropa. Cuando llegó al hospital se encontró en la sala de espera de urgencias con su tía Inés y la hija de esta.

—¿Cómo está? ¿Qué le ha pasado a mi madre?

—Está bien... —dijo su tía con cara de pocos amigos—. Ha tenido un coma etílico. El señor Domingo me llamó, parece ser que tu madre bajó a comprar unas botellas, como siempre —dijo mirando fijamente los ojos de Esther—. ¿Por qué no me has llamado para decirme lo que estaba pasando?

—Mamá no quiso que lo hiciera, y luego...

Su tía la cortó bruscamente.

—¡Excusas, Esther! ¿Crees que tu madre podía decidir en su estado, agarrada a una botella de vodka? ¿Qué hacías tú mientras tu madre arruinaba su vida?

—Pueden entrar, las constantes vitales se han estabilizado, pero, por favor, no estén mucho tiempo, aún está bajo observación y debe descansar —dijo un médico que salía del *box*.

—Mamá... ¿Mami?...

—Déjala descansar, ¿no lo has escuchado? —le llamó la atención su tía.

—Sé que quieres ayudarla, tía, pero yo sé que me quiere aquí a su lado —dijo Esther con lágrimas en los ojos.

—Vete a casa ahora, Esther. Yo la cuidaré, tú has de ir al colegio mañana, has de dormir. Si hay algún cambio, te llamaré.

—Ya no tenemos teléfono —contestó la chica—, no podíamos pagarlo.

—Pues avisaré a tu tío para que vaya a recogerte.

Esther pasó toda la noche en vela, pensando en la posibilidad de que viniera su tío.

Por la mañana, y a la vista de que no había cambios, regresó a sus clases. Pasaron los días y su madre se recuperaba lentamente. El tiempo que había bebido había desarrollado una fuerte adicción en ella. Los médicos concluyeron que, si no seguía un severo tratamiento, podía sufrir fallos renales, y aconsejaron que la ingresaran en una clínica de desintoxicación. Allí recibiría los cuidados específicos y los psicólogos para ayudarla a salir de la enfermedad, pero ella no quería saber nada del tema, decía que los psiquiatras eran para los locos, que ella estaba en perfecto estado, que solo necesitaba un trago para recuperarse.

—Esther, hemos decidido ingresar a tu madre como dijeron los médicos. Tú vendrás a casa el tiempo que esté en tratamiento —dijo Inés—. No pienses que voy a dejarte hacer lo que te dé la gana, eres capaz de hacer fiestas con chicos y alcohol todos los días.

—¿A tu casa? —exclamó asustada.

—Sé que no te gusta la idea, sinceramente a mí tampoco. Me da igual lo que pienses o digas, eres la hija de mi hermano y aún menor de edad. Harás lo que te digamos. Además, estarás entre gente que te quiere...

—¡Ya! ¡Seguro que sí! ¡Por eso me habéis llamado y visitado cada día desde la muerte de papá!

Su tía le dio una bofetada y las dos se quedaron sorprendidas. Inés, para Esther, podía ser muchas cosas, pero nunca hubiera pensado que sería capaz de pegarla. Inés se dio cuenta en ese instante de que no soportaba a esa niña...

CAPÍTULO III

Aquella noche se quedó Esther al cuidado de su madre y pensó cómo salir de aquella situación, pero no encontraba la manera. Justo cuando sus ojos empezaban a cerrarse por el cansancio, llamaron a la puerta.

—Adelante —dijo en voz baja.

—¿Hola? ¿Se puede?

Era la voz de César, ella la hubiera reconocido en cualquier lugar y situación.

—¡César! Hola, ¿qué haces aquí? ¿Cómo has sabido dónde estábamos?

—Marina me lo dijo, bueno, yo se lo pregunté, pero espero que no te importe...

La cara de Esther mostró una mueca entre alegría y tristeza.

—¿Qué pasa? Si te molesta que haya venido, me voy, que no es mi intención molestarte.

—¡No! No es eso, soy yo —dijo Esther.

—¿Te pasa algo? ¿Puedo ayudarte?

—Quieren que me marche a vivir con mis tíos y mi prima.

—¿Y? —preguntó César.

—¡Que tendré que ir! ¿Te parece poco?

—Tampoco creo que sea tan malo, ¿no? Son tu familia...
No será para tanto, ¿o sí?

—Sí, es horrible, no soporto a mi tía, es una de esas
mujeres que se pinta las uñas para fregar los cacharros y no
te digo nada de mi prima Paula. Es un año mayor que yo y
ya por eso se cree experta en todos los temas. ¡Ufff! Es
insoportable. El único que se salva es mi tío Alfredo, que es
un calzonazos y hace siempre lo que dice su *Inesita de azúcar*,
como él la llama —dijo mientras hacía el gesto de meterse los
dedos en la garganta para devolver.

—Creo que eres algo exagerada, mujer —dijo César con
una sonrisa en los labios.

—Hola, ¿de qué habláis?

—Mamá, ¿te hemos despertado?

—Hola, hija mía. ¿Quién eres? —dijo su madre
dirigiéndose a César.

—Es César, mami, mi entrenador de atletismo. Ha venido
a verte.

—¡Estoy bien! ¡Qué manía os ha entrado a todos! —dijo
algo molesta.

—Esther —dijo César—, conozco a una señora que
necesita una canguro fija de lunes a viernes. Tenía una chica
extranjera, pero ha cambiado de trabajo.

—¿Una canguro? ¿De qué edad son sus hijos?—preguntó.

—Tiene dos hijos, un niño de tres años y una niña de seis.
Son niños muy buenos, no te darían mucho trabajo, y paga

muy bien...

—Mamá, ¿qué te parece? Sería una ayuda para la casa... Nos hace falta, mami.

—Eres muy joven, hija —contestó la madre—. ¿Crees que estás preparada para cuidar de dos pequeños?

—La verdad es que no lo sé, pero sería la manera de saberlo, ¿no crees? Llevo cuidándote a ti algunos meses y no ha ido tan mal —dijo Esther cruzándose de brazos y frunciendo el ceño.

—Bueno, yo me voy, cuando sepas algo me lo dices. Si decides ir, yo mismo te acompañaré —añadió César.

Esther fue con él hasta la puerta y le dio las gracias por todo y este le besó la frente y se marchó.

—Ven, hija, acércate —dijo su madre—. Quiero decirte algo. Esther, eres casi una mujer, siento haberme comportado como una estúpida todo este tiempo. Tu tía me ha dicho otra vez lo de la clínica, bueno, la verdad es que no me da más opciones...

—Mamá...

—Déjame hablar —interrumpió su madre—. Sé que tú quieres estar conmigo, pero ahora has de irte con ellos hasta que yo vuelva a ser la de antes y podamos estar juntas. He de recuperarme bien para no volver a caer en lo mismo, ¿me entiendes?

—Mamá, te entiendo, pero también podría irme a trabajar con esa mujer y los fines de semana ir a casa de tía Inés.

—Perderás el colegio, Esther, estás a punto de terminar el curso. Si no lo apruebas, el año que viene tendrás que repetir... —dijo su madre con voz algo cansada.

—Mami, estás cansada, ya hablaremos mañana...

—Toma tú la decisión, hija, pero piénsalo bien. Yo quiero lo mejor para ti —dijo cerrando los ojos.

—Sí, mamá, ahora descansa...

Aquella noche se hizo eterna. Le diera las vueltas que le diera, siempre terminaba con la misma solución: iría a trabajar... ¿Perder un curso? ¿Y qué? El año próximo recuperaría las asignaturas, y así no tendría que ir a casa de sus tíos, que era lo que realmente le quitaba el sueño.

—Buenos días —dijo una enfermera despertando suavemente a Esther.

—Buenos días —contestó frotándose los ojos.

—Es la hora del almuerzo. ¿Vas a querer algo? —le dijo con voz dulce.

—Sí, gracias.

Trajeron unas tostadas, zumo de naranja y mantequilla. Esther y su madre comían despacio, observándose la una a la otra.

—¿Sabes, mamá? ¿Sabes cuánto tiempo hacía que no desayunábamos juntas?

—Lo sé, hija, ya casi me había olvidado lo bonita que estás con la cara sin lavar...

—Hoy te trasladan, vendrá tía Inés y Alfredo después de

comer para acompañarte a la clínica, yo no puedo ir...

—¿Por qué?

—Voy a llamar a César... Cogeré ese trabajo.

—¿Y la escuela? —preguntó su madre.

—Hablaré con los maestros, quizás pueda estudiar en casa y hacer los exámenes fuera de horas de clase o algún sábado. Y, si no puede ser, el año que viene seguiría.

—¿Es tu última decisión?

—Sí, mami —dijo Esther muy segura.

—De acuerdo, hablaré con tu tía, no creo que le guste la idea, pero no te preocupes por nada, todo irá bien.

Pasaron el resto del día charlando de cosas efímeras, viendo la televisión y dando pequeños paseos por el pasillo.

—Buenos tardes —dijo Alfredo desde la puerta—. ¿Se puede?

—Pasad, pasad. Estamos merendando, si gustáis... —dijo la madre.

—Hola, Esther —dijo el tío acercándose para darle un beso.

Detrás de ellos se había quedado su tía; se acercó a la madre de Esther y le dijo:

—¿Ya estás preparada? ¿Has recogido tus cosas?

—No, todavía no. Por cierto, Inés, Esther ha encontrado un empleo como interina, se quedará en la casa a dormir de lunes a viernes y el fin de semana lo pasará contigo, ¿te parece bien?

—Sí, claro, si eso es lo que quiere... —dijo Inés totalmente desinteresada.

—Mamá, me voy. He de llamar a César para ir a conocer a esta señora —dijo Esther—. Cuando sepa algo definitivo te llamaré a casa, tía Inés.

—Está bien, adiós.... —respondió esta.

Esther había dado por sentado que el empleo sería para ella sin pensar por un momento que aún no conocía los detalles. No tenía el teléfono de César y se fue a buscar a Marina, ella tenía los teléfonos de todas las personas del equipo, incluido el entrenador. Cuando estuvo debajo de su casa se encontró con el señor Domingo.

—¿Cómo está tu madre, hija?

—Bien, gracias, está en una clínica para solucionar su problema... —contestó ella algo avergonzada.

—Si necesitas algo no dudes en venir a buscarlo, ya arreglaremos cuentas cuando esté tu madre bien, que seguro que muy pronto, ya lo verás —dijo Domingo cariñosamente.

Esther sonrió y llamó a su amiga desde el portero automático.

—¿Quién es?

—¿Está Marina?

—No, no está. ¿Quién eres?

—Soy Esther... ¿Me podría decir dónde la puedo encontrar?

—Está en el pabellón, tenían un entrenamiento especial,

mañana tienen campeonato —dijo el padre de Marina a través del interfono.

Esther se echó las manos a la cabeza, había estado tan ocupada con su madre que se le había olvidado por completo. La joven salió corriendo hacia el pabellón como alma que lleva el diablo. Cuando llegó estaba exhausta, se dejó caer sobre la hierba que envolvía la pista y resopló. A lo lejos estaban todas las compañeras del equipo. Una vez recuperado el aliento, se dirigió hacia ellas. César salía de los vestuarios con algunas vallas en las manos, demasiadas para una sola persona. Esther corrió hacia él y cogió algunas.

—César, quiero ese trabajo... Y quiero participar mañana en los campeonatos.

—Cuando termine el entrenamiento hablamos del trabajo, pero en este campeonato ya no puedes participar, he entregado las fichas de las participantes en la federación —dijo César.

Esther puso cara de pocos amigos, pero se quedó allí viendo a sus compañeras. Marina la vio desde lejos y se acercó a ella.

—¿Cómo estás? ¿Qué tal está tu madre?

—Bien, las dos estamos bien —dijo algo seria—. Tiene que estar unos días en la clínica, pero estará muy pronto en casa.

—Me alegro. Voy a seguir calentando antes de que el entrenador se enfade.

—Vale... —susurró Esther.

Terminaron y César se despidió de todas dando ánimos y deseándoles suerte para el día siguiente.

—Me cambio y nos vamos —le dijo a Esther.

El resto de las chicas se quedaron mirando con cara de tontas y Esther les explicó lo del empleo.

—¿No volverás a la escuela? —preguntó Marina.

—De momento no, pero estudiaré en casa y miraré a ver cuándo puedo examinarme.

—Ya... Bueno... —contestó algo incrédula—. Me voy a la ducha, ahora la necesito aún más que antes.

Fueron saliendo poco a poco en pequeños grupos y César iba hablando con uno de los chicos del equipo *amateur*; cuando estuvo junto a ella le dijo:

—¿Nos vamos?

Esther asintió con la cabeza. César tenía un coche pequeño, de color rojo. Le dijo que subiera y la llevó a conocer a esa mujer. Cruzaban toda la ciudad y Esther miraba las calles sin conocer ninguna; solo se daba cuenta de que se dirigían hacia las afueras.

—¿Dónde vive?

—En Pedralbes, ¿lo conoces? —preguntó él.

Esther giro de un lado a otro la cabeza y se cruzó de brazos.

—Estás muy guapa esta noche, Esther... —dijo el chico sin perder de vista la carretera.

Ella se puso colorada y se colocó el cabello por detrás de

la oreja.

—Ahora todavía más —añadió César echándose a reír suavemente.

—¡Conduce, anda! No quiero que tengamos un accidente.

Llegaron a una lujosa casa, muy grande y con un jardín precioso lleno de flores y árboles. César llamó al timbre y se abrió la puerta del garaje. Una vez en el interior bajó corriendo las escaleras una niña pequeña.

—¡César! —dijo echándose en sus brazos.

—¡Hola, mi chiquitina! ¿Cómo está la chica que me tiene robado el corazón? —dijo frotando su nariz con la de la niña.

—Bien, mamá está arriba. ¿Vienes?

—Sí, Cristina, vamos a verla... ¡Ah! Te presento a una amiga mía, Cristina. Esta es Esther.

La niña saludó con su mano y subió corriendo las escaleras a la vez que gritaba: «¡Mamá, viene César!».

—¡César! ¿Qué tal estás? Hacía días que no te veíamos. ¿Todo va bien? —preguntó una mujer.

—Hola, Irene, todo bien, he estado algo liado con el equipo, mañana tenemos campeonatos femeninos.

—Ya entiendo... ¿Y esta jovencita tan guapa, quién es? —dijo la señora mirando a Esther.

—Es una chica del equipo y amiga mía, necesita trabajo y le hablé de ti. ¿Todavía necesitas canguro? —preguntó.

—Sí, pero... ¿Tienes experiencia? —preguntó directamente a Esther.

—No, señora, nunca he estado al cargo de niños, pero he estado cuidando de mi madre enferma durante meses y he llevado todas las tareas de casa...

—Ya veo... —Se quedó pensativa durante unos segundos y continuó—. Bueno, se puede intentar, ¿no te parece? Las cosas hay que probarlas para tomar decisiones. Te diré lo que quiero.

A Esther se le iluminaron los ojos y respondió:

—Por mí, perfecto.

—No quiero voces fuera de tono en casa, ni gritos, ni escándalo. Los niños deben estar en la cama a las nueve, cenados y bañados. Por las mañanas los ayudarás en sus labores y los acompañarás a la escuela. Los días que no hay escuela saldréis a dar un paseo. Te pagaré noventa euros a la semana, tendrás libre el fin de semana y, si alguna noche quieres salir, deberás avisarme para que esté pendiente de los niños, ¿de acuerdo?

—Sí, señora, me parece más que bien —dijo ella.

—Me llamo Irene, puedes llamarme de tú si lo deseas.

—Irene, ahora debemos irnos, es tarde y he de descansar —dijo César.

—Te espero el lunes entonces —apuntó con tono entre pregunta y afirmación.

—Sí. ¿A qué hora vengo?

—A las ocho, a esa hora despierto a los pequeños.

—Entonces nos vemos el lunes.

Los dos chicos se despidieron de Irene y de Cristina; luego se marcharon.

—¿Dónde quieres que te lleve? —preguntó César.

—He de ir casa de mi tía, vive en el Ensanche, cerca de la estación de tren.

—Pues te llevo allí —dijo César—. ¿Qué te ha parecido?

—Es una mujer muy elegante, impresiona un poco —dijo Esther.

—Sí, al principio da esa impresión, pero ya verás como es una mujer exigente, eso sí, pero también es buena y cariñosa.

El resto del camino estuvieron en silencio mirándose de reojo. Al llegar a la estación Esther dijo:

—Déjame aquí, ya estamos cerca, puedo ir paseando.

Acercó el vehículo a la acera y puso los intermitentes de emergencia. Cuando Esther se disponía a bajar del coche, César le cogió la mano.

—¿Qué? —preguntó extrañada.

—¿Me das un beso de buenas noches? —dijo César.

Esther se acercó para besarlo en la mejilla, pero César cogió su cabeza y la dirigió a sus labios. Fue un beso tierno y cariñoso, corto pero intenso.

—¿Vendrás mañana a ver la competición?

Esther lo miró fijamente a los ojos y pensó durante unos segundos.

—Vale, hasta mañana...

Salió del vehículo, cerró la puerta con cuidado y se marchó

calle abajo sin mirar hacia atrás. Estaba tan nerviosa que no podía dejar de temblar.

CAPÍTULO IV

Aún seguía flotando cuando oyó como alguien gritaba su nombre. Era la escandalosa voz de su prima, fácil de reconocer por lo desagradable que era escucharla.

—¿Era tu novio? —preguntó indiscretamente.

—No... Es solo un amigo.

—Ah... ¿Y te besas con todos tus amigos?

Esther golpeó con el codo bruscamente a su prima y esta respondió con una patada en la pierna.

—Mira que eres tonta, hija —dijo Paula echándose el pelo hacia atrás y corriendo hacia el portal para entrar antes que Esther.

Al llegar arriba, Inés les abrió la puerta, alterada.

—¿Qué horas son estas de llegar? ¿Estábais juntas?

—¡No! No estábamos juntas. Yo vengo de la biblioteca, mamá. He estado estudiando con unos compañeros del instituto.

Esther se burlaba detrás de su prima.

—¡Ya basta! —dijo su tía al verla—. Lavaros las manos y preparad la mesa para cenar.

Durante la cena no hubo conversación alguna, cosa que pasa cuando hay un televisor que centra la atención de los

53

comensales; estaban inmersos en los anuncios publicitarios, una excusa fácil para no tener que dar ni recibir explicaciones sobre nada indiscreto. Cuando llegaron a los postres, Alfredo preguntó:

—Esther, ¿has ido a mirar el empleo?

—Sí, tío, he ido esta tarde. Viven en la zona alta, por Pedralbes. Me ha acompañado un amigo.

—¿Cómo ha ido? —continuó.

—¿En la zona alta? —interrumpió Inés a su marido a la vez que abría los ojos como platos—. ¿Quiénes son? Yo voy mucho de compras por allí.

Alfredo la miró y prosiguió hablando con su sobrina:

—¿Y qué? ¿Qué te han dicho?

—Empiezo este mismo lunes por la mañana.

—Te pagarán bien, ¿no? —se apresuró a decir Inés con aires de superioridad—. Porque si vas a dejar los estudios y todo, ha de valer la pena económicamente.

—No me han dicho nada de dinero todavía... —contestó cautelosa.

—Ah, claro... Seguro que te pagan cuatro céntimos, estarás pringada todo el día, limpiando culos y mocos para nada —Cogió cuatro cosas de la mesa y continuó—. ¿Quién me ayuda a quitar la mesa?

—Yo, yo te ayudo —dijo Paula mientras cogía los platos.

Esther intentó levantarse, pero su tío le cogió por el brazo e hizo que se sentase de nuevo.

—¡Sí, hombre! ¡Ella debe ayudar como su prima, Alfredo!
Y se marchó muy molesta hacia la cocina.

—Sigue contándome sobre la familia —dijo su tío.

—No hay mucho que contar. Hemos ido y me han presentado a la señora; la señora se llama Irene, me ha preguntado si tenía experiencia y le he dicho que no; pensé que ya no me daría el trabajo, pero ha dicho que podíamos probar.

—Sobrina... ¿Estás segura de lo que vas a hacer? Tienes solo catorce años.

—Quince, tío —interrumpió la joven.

—Quince, da igual, eres una chiquilla todavía... —le dijo cariñosamente.

—A mamá y a mí nos irá bien el dinero, estamos pasando por una mala racha y ahora que se quiere recuperar... ¡Sí! Estoy segura, de verdad, tío.

Alfredo acarició el pelo de Esther y cogió su mano cuidadosamente, giró la cabeza hacia el televisor y le dijo:

—Anda, ve a ayudar en la cocina u oiremos chillar a tu tía.

Esther fue a la cocina y se puso a secar los cubiertos a medida que Paula los lavaba. Su tía, mientras, doblaba el mantel y las servilletas. Cuando ya estaba todo en orden, Esther pidió permiso para acostarse.

—¿Dónde dormiré? Estoy algo cansada.

—Dormirás con Paula —dijo su tía.

—¿Conmigo? ¿Por qué ha de dormir conmigo? —

refunfuñó Paula como siempre.

—¡Porque yo lo digo! Además, la única cama libre está en tu habitación.

Paula sopló y, cogiendo unas sábanas del armario, le dijo a su prima:

—¡Toma! No pensarás que te voy a hacer la cama y todo, ¿verdad?

Y las tiró de malas maneras sobre una pequeña butaca que había en la habitación. Esther hizo su cama y le pidió un pijama a Paula; esta sacó uno de los más viejos que tenía en el armario y se lo lanzó a la cara.

Llevaba días durmiendo mal y poco, pero con todo y su cansancio no podía dejar de pensar en ese beso, su primer beso, algo que se había grabado en ella como un tatuaje. Se repetía en su mente una y otra vez la misma imagen, sin permitirle pensar en cómo estaría su madre. Deseaba que pasase esa noche rápido para volver a ver a César.

Por la mañana se despertó temprano, se vistió y se encontró en el salón con su tía, que estaba planchando a la vez que escuchaba canciones de José Luis Perales.

—Voy a ir al pabellón de deportes, mi equipo tiene hoy una competición.

—Está bien, Esther —contestó Inés tranquila, algo que sorprendió a la joven—. Pero desayuna antes de irte.

Esther fue a la cocina, se preparó un vaso de leche y cogió unas magdalenas de la despensa. Miraba a su tía y pensaba en el porqué de ese cambio. ¿Por qué ahora estaba tan suave? ¿Le habría dicho algo su tío Alfredo? Esos pensamientos duraron unos efímeros segundos; a su mente regresó la eterna imagen del beso, cosa que hizo que se apresurara en terminar y así poder marcharse.

—No sé si vendré a comer; a veces cuando hay competición comemos de *catering*, tía —le dijo masticando todavía un trozo de magdalena.

—¡No hables con la boca llena! Cuando lo sepas seguro, llamas por teléfono y me lo dices, así sabré a qué atenerme con las comidas —dijo Inés.

—Adiós.

Esther bajó las escaleras de tres en tres. El pabellón quedaba bastante lejos de casa de sus tíos y cogió un autobús para ir. En el transcurso del viaje pensaba y sonreía sin darse cuenta de que la gente que estaba justo enfrente la observaba. Sus mejillas enrojecieron al darse cuenta de ello y miró por la ventana intentando disimular. Al fin llegó a la parada que estaba justo enfrente del pabellón. Había pasado escasamente media hora en aquel autobús, pero le pareció el viaje más largo de su vida.

—¡Esther, estamos aquí! —gritó Isabel desde lejos—. Estamos esperando al entrenador.

—Hola, chicas —dijo—. ¿Qué tal esos nervios? —preguntó mirando a Marina.

—¡Ufff! —contestó esta—. A mí me tiemblan hasta los

pensamientos.

—No os preocupéis, os animaré con todas mis fuerzas desde las gradas.

—¿No te sentarás con nosotras? —preguntó su amiga.

—Pues no sé si se puedo. Si me dejan... —Y soltó una gran sonrisa.

—¡Mirad! Ahí llega César —avisó Isabel.

—Buenos días, señoritas. ¿Estáis preparadas? ¿Falta alguien?

—No, estamos todas...

—Pues vamos —dijo empezando a caminar hacia el interior—. Sobre todo, chicas, ¡vamos a pasarlo bien! A disfrutar de la experiencia, no importa ganar o perder.

Las chicas cogieron sus bolsas y entraron contentas a la pista. Se separaron en grupos. Marina cogió a Esther y la arrimó hacia ella.

—¡Vente *pa cá*! —dijo riendo.

Esther puso el brazo por encima de sus hombros y entraron corriendo hacia los vestuarios.

—Me alegra ver que aún mantienes la sonrisa, a pesar de todo —dijo Marina.

—Las cosas van bien, mejor de lo que hubiese imaginado hace unos días.

Marina tiró su bolsa sobre uno de los bancos de madera y se marchó corriendo hacia los baños.

—Vengo enseguida, tengo una urgencia fisiológica.

El resto del equipo estalló en carcajadas y se escuchó:

—¡Meona!

Las chicas se cambiaron y salieron hacia la pista. César se acercó al grupo y dio los últimos consejos a cada una de ellas, y al ver a Esther, le dijo:

—¡Hombre! No te había visto. ¿Qué tal has dormido?

Esther se puso colorada y contestó:

—Bastante bien, gracias.

Las primeras carreras empezaron a las diez de la mañana y terminaron las finales a las seis de la tarde. Todo ese tiempo transcurrió con la normalidad de cualquier competición: prisas, alegrías, alguna lágrima y mucho, mucho esfuerzo por parte de todas ellas, aunque no hubo suerte para ninguna.

Al mediodía se hizo una parada para comer, y se reunieron en un lado de las gradas donde habían ubicado unas mesas con los víveres. Esther salió a buscar un teléfono y llamó a su tía como ella le había pedido; luego se unió al equipo.

Después de la comida empezó la jornada de tarde. Las chicas lo dieron todo, pero los resultados fueron los mismos.

—Lo habéis hecho muy bien todas —dijo César una vez reunidos todos en el vestuario—. No os preocupéis, ya conseguiremos alguna medalla o alguna copa la próxima vez. Ahora, a las duchas. Os espero en la pista y nos vamos todos juntos a celebrarlo tomando un refresco.

César se sentó y estuvo corrigiendo sus notas. Era habitual que los entrenadores tomasen notas de cada carrera, así podían perfeccionar a las atletas.

—César... —dijo Esther.

—¿Qué? —contestó sin levantar la mirada de su bloc.

—No, nada.

—Dime, dime, te escucho... —dijo mirándola fijamente.

—¿Qué fue ese beso? —preguntó finalmente.

—¿Qué beso?

—Ya veo... —dijo Esther—. Voy a ver cómo están las chicas.

Mientras se alejaba, César lucía una pícara sonrisa. Estaba claro que para ella había sido mucho más importante que para él; no había pensado que seguro que tendría más de una amiga esperando sus tiernos besos....

Las chicas del equipo iban saliendo poco a poco del vestuario y hablaban de cómo lo habían hecho, en qué había fallado... las cosas normales después de una competición. Cuando César las vio a todas juntas, se levantó y dijo:

—¿Nos vamos?

En el mismo recinto había un pequeño bar y allí tomaron unos refrescos. Estuvieron una hora aproximadamente charlando e intercambiando impresiones sobre los diferentes temas que iban surgiendo. Al final se despidieron y cada una se marchó por su camino. Esther se levantó y dijo a los que todavía quedaban en las mesas:

—Me voy o perderé el autobús.

—¿Quieres que te lleve? —le preguntó César.

—No, gracias. Adiós Marina —puntualizó.

El reencuentro no había sido como la joven esperaba; se desvanecían sus ilusiones en un segundo. Andaba pensativa sin darse cuenta que había dejado atrás la parada del autobús. De repente, al darse cuenta de ello, decidió terminar andando las pocas calles que quedaban. El día siguiente era domingo y fue a ver a su madre. En esa clínica tenían unos horarios bastante estrictos; incluso si alguna de las pacientes había roto las normas era castigada sin visitas y sin llamadas del exterior. Cuando Esther vio a su madre la encontró con el rostro entristecido y muy pálido.

—Ay, mamá, pareces cansada. ¿No estás bien aquí?

—Sí, cariño, nos tratan muy bien, pero no he dormido demasiado.

—¿Por qué? —preguntó cogiendo la mano de su madre entre las suyas.

—Nada, hija, supongo que es el cambio de hospital, esto es tan... No sé.

—No te preocupes, te pondrás bien y pronto volverás a casa. Una vez allí, las dos juntas saldremos adelante, yo te cuidaré.

—Esther, recuerda que, aunque estés en casa de la señora para la que trabajas, has de ir a la nuestra, limpiarla, recoger la correspondencia y las otras cosas.

—Sí, mamá, no te preocupes, está todo bien...

La mañana pasó rápido y, sin darse cuenta, había llegado la hora e hicieron marchar a las visitas.

—Volveré el sábado que viene, mamá. Durante la semana no podré, pero no fallaré ni un solo fin de semana.

Cuando Esther llegó a casa, Inés le pregunto:

—¿Qué tal la visita? ¿Cómo has visto a tu madre?

—Bien, está algo cansada y no le gusta demasiado el cambio de centro, pero se acostumbrará.

—Ponte a preparar la mesa para comer.

Esther asintió con la cabeza, cogió el mantel del cajón de uno de los *bufets* que tenía su tía con los utensilios para utilizar en la mesa, las servilletas y los cubiertos. Entonces salió Paula de su habitación y le dijo:

—Supongo que irás a tu casa a buscar ropa, ¿no? ¿O te pondrás la mía? —dijo con tono despreciativo—. No creo que le siente bien a tu esquelético cuerpo.

—¡Paula, no seas presuntuosa! —la riñó su padre—. Pide perdón a tu prima ahora mismo.

—Déjala, tío, no pasa nada, pensaba ir de todas formas a buscar cosas.

Se sentaron en la mesa y las miradas cruzadas de las dos chicas caldearon el ambiente durante toda la comida. Una vez hubo terminado, Esther cogió su plato, su vaso y los cubiertos y los llevó a la cocina.

—¿Me necesitáis para algo? Querría ir a mi casa a recoger

y a prepararme la mochila con ropa para la semana.

—No, puedes irte si quieres... —respondió Inés.

—¿Quieres que te acerque con el coche, Esther? —preguntó el tío Alfredo.

—Bueno, así no vengo cargada en el autobús, pero no quiero molestar.

—A buenas horas —susurró Paula.

—Claudia… No molestas, espera un poco a que me tome el café y te acompaño.

—Está bien —contestó Esther sentándose en el sofá a ver la televisión.

Se quedó pensativa. En aquella casa, la televisión quemaba todas las horas del día. A Inés le encantaban los culebrones sudamericanos, luego con sus amigas cotilleaban sobre uno y otro; sabía la vida y milagros de cada uno de los personajes.

—¿Nos vamos? —dijo Alfredo justo antes de tomarse el último sorbo de café.

Su tío era un hombre extraño, alto y fuerte, con el pelo canoso y con unos bonitos ojos oscuros, aunque las gruesas gafas no le dejaban mostrarlos, pero a ella siempre le había demostrado mucho cariño. Era el hermano de su madre y no solía meterse en las cosas que concernían a las mujeres de la casa, seguramente por no tener que discutir con las dos mujeres de su casa cada vez que se ponía de nuestra parte.

—¿Has de coger muchas cosas? —preguntó Alfredo

mientras entraban en el coche.

—No, como debo ir de vez en cuando a mantenerla limpia y coger el correo, ya cogeré más otro día si hace falta. ¿Por qué?

—Es que llevo el maletero lleno, pero también podemos ponerlo en el asiento de atrás; no te preocupes, que cabe. Coge lo necesario, sin problema —dijo sonriendo.

Alfredo puso la radio del coche y estuvieron todo el camino escuchando música y charlando de cosas mundanas. Al llegar, Esther le dijo:

—Puedes aparcar en ese vado de delante de casa, tío; es de un taller y los domingos no abren.

Su tío dejó el coche en el vado, pero con los intermitentes puestos, no se fiaba demasiado y no le gustaba pagar multas; decía que, además de tirar el dinero, tenía que explicárselo a Inés y eso prefería ahorrárselo.

—Si quieres puedes quedarte vigilando el coche, no tardaré nada —dijo Esther.

—No, da igual, así tomaré un vaso de agua, ese bacalao de la comida me ha dejado sediento.

Esther subió rápidamente y llegó mucho antes que su tío: las escaleras eran pesadas para alguien acostumbrado a subir en ascensor. La casa estaba desordenada y la joven recogió las cosas que iba encontrando a su paso y las lanzó dentro de un armario para que no lo viera Alfredo. Luego cogió una bolsa de deporte y escogió algunas prendas de ropa, unos libros y un marco de fotos donde estaba ella con su padre comiendo algodón de azúcar un día de feria.

Por fin llegó su tío; estaba exhausto y se sentó en el salón. Miraba hacia todos los lados: no podía creer cómo su hermana, que había sido siempre una mujer de su casa, vigilando mucho la limpieza y los pequeños detalles para tenerlo siempre todo a punto para cualquier visita inesperada, se hubiera abandonado tanto.

—Esther, ¿me traes agua, por favor?

—¡Claro, tío! Perdona, me había olvidado —alzó la voz desde la cocina mientras llenaba un vaso con agua del grifo.

Alfredo, al probarla, hizo un gesto de desagrado.

—¿Está mala? —preguntó la niña.

—Está caliente...

—¿En serio? —La chica cogió el vaso y dio un sorbito—. ¡Qué asco! No me acordaba que ahora que empieza a hacer buen tiempo se calientan las tuberías. Dejaré que corra un poco antes de llenarlo.

Le llevó un nuevo vaso de agua a Alfredo. Esther terminó de coger las cosas que necesitaba y, al llegar al salón, vio a su tío meciendo entre sus brazos un conejito de peluche que él mismo le había regalado el día de su comunión.

—¡Anda! ¿Dónde lo has encontrado? Lo he estado buscando en mi habitación —preguntó Esther.

—Estaba bajo la manta que había en el sofá.

—Quizás lo tenía ahí mamá... —dijo bajando

notablemente su voz.

—Quizás... —dijo Alfredo—. Toma —dijo dándole el peluche—. Ahora sí que lo tienes todo, vamos.

Esther cogió la bolsa, su conejito y una vieja chaqueta tejana. Cerró la puerta y echó la llave. De regreso a casa de sus tíos, Esther y Alfredo no pararon de hablar de cosas que habían pasado el día de su comunión, cosas relacionadas con sus padres y su conejito, muñeco del que no se había separado desde aquel día.

Ese lunes se levantó a las seis de la mañana. Paula estaba estudiando en el salón, tenía la semana llena de exámenes y le gustaba estudiar de noche mientras todo el mundo dormía.

—¿Dónde vas tan temprano? —preguntó.

—No sé cómo se va a casa de esa mujer desde aquí. ¿Tenéis un plano de la ciudad?

Paula, sin mirarla, negó con la cabeza.

—¿Y de transportes?

Su prima volvió a negar.

—Bueno... ¡Gracias! —dijo enfadada.

Después de desayunar y hacerse la cama, se vistió con la ropa que había planchado la noche anterior. Al ver luces encendidas, su tía se levantó.

—¿Ya estás preparada? —preguntó.

—Sí, tía, he de salir con tiempo, no sé cómo se llega a ese barrio y quería mirarlo en un plano, pero como no tenéis aquí...

—¡Claro que tenemos! —la cortó Inés con tono airoso.

Esther miró a su prima; esta sonreía tímidamente sin levantar la vista de sus libros.

—Toma, míralo aquí. Además, en la parte de atrás tienes las combinaciones de transportes para saber cuál te queda más cerca.

La chica se apuntó en un trozo de papel el recorrido y la parada en la que tenía que apearse y, cogiendo sus cosas, se despidió de su tía.

—¡Hasta el viernes! Si puedo, os llamaré para saber cómo va mi madre.

CAPÍTULO V

L legó a casa de Irene a las ocho menos veinte. Dudó entre esperar sentada en las escaleras de la entrada o llamar al timbre; finalmente decidió esperar. De repente cayó una lluvia de polvo sobre ella y se levantó rápidamente mirando hacia arriba.

—Perdona, no te vi —dijo una chica que sacudía las alfombras—. ¿Quién eres? ¿Esperas a alguien?

—Sí, estaba esperando que fuesen las ocho, empiezo hoy a cuidar de los niños.

—Ah. ¿Eres tú la chica nueva? Ahora bajo a abrirte.

En un par de minutos se abrió la puerta principal y entraron. Cuando entró en la casa, Esther se quedó boquiabierta: todo lo que alcanzaba su vista era precioso, pintado con unos colores claros, muchos cuadros y una preciosa escalera que daba acceso a la segundo planta.

—Bonito, ¿verdad? —preguntó la mujer que le había abierto la puerta—. Lástima que tú esta parte la verás poco.

—¿Por qué? —preguntó Esther extrañada.

—El personal de servicio entramos por la puerta del garaje y tienes el acceso a las habitaciones de los niños desde la cocina. Es como si estuviéramos en una casa aparte. Anda, ven conmigo, te llevaré hasta la señora Irene.

Entraron por una puerta que separaba la entrada principal de las habitaciones del personal; al fondo estaba la cocina. Era bastante grande y un par de chicas cortaban verduras sobre la mesa, que estaba situada justo en el centro.

—Chicas, esta es... —dijo la mujer mirando a Esther.

—Esther, me llamo Esther.

—Hola, Esther —dijeron las dos chicas—. Yo soy Julia —dijo la misma mujer—. Ellas son Andrea y Maribel. La señora bajará enseguida, siempre sube a despertar a sus hijos personalmente.

Se quedó allí mirando. No sabía qué decir y decidió quedarse observando lo que preparaban aquellas chicas.

—Buenos días, chicas... —dijo Irene recogiéndose el pelo con una pinza—. Hola, ¿Esther? —preguntó.

—Sí, buenos días, señora.

—¿Preparada?

—Claro —contestó.

—Pues voy a despertarlos y enseguida bajaremos a desayunar. Espera aquí.

Subió unas escaleras estrechas que empezaban al lado de una chimenea y al poco rato bajó Cristina frotándose los ojos.

—Hola, chiquitina —dijo Andrea.

—Buenos días, señorita Cristina —añadió Maribel—. ¿Ha dormido bien?

—Quiero cereales —dijo bostezando.

Maribel se lavó las manos y le sirvió los cereales con un tazón de leche.

—¡Caliente! ¡Lo quiero caliente! —dijo Cristina levantando la voz.

—Hola, Cristina —dijo Esther.

—Hola... ¿Eres la amiga de César, verdad?

—Sí, lo soy, y tuya también si quieres.

Cristina movió la cabeza mientras se sentaba en un banquito de madera un poco más alto que las sillas, pues su altura aún no le permitía llegar cómodamente a la mesa desde ellas. Al momento bajó Irene con un pequeñín en los brazos. Este reposaba su cabeza en los hombros de su madre.

—Diego, esta es Esther. A Cristina ya la conoces, ¿verdad? —preguntó Irene.

—Sí, nos conocimos el otro día, y también hemos estado hablando ahora...

—Pues aquí te los dejo, yo tengo muchas cosas que hacer. Espero que lo paséis bien. Si necesitas alguna cosa, pídeselo a Julia. Ella sabe cómo va todo en esta casa —dijo cerrando la puerta de la entrada principal.

—Ven, mientras los pequeños desayunan te enseñaré tu habitación. La compartirás con Andrea —dijo Julia.

En el pasillo había tres puertas: la primera de ellas era la habitación de Julia, en la otra dormía Maribel y en la más cercana a la cocina dormía Andrea.

—Entra, aquí tienes el armario. Habla con ella a ver cómo

repartís el espacio, solo hay uno por cuarto.

—Está bien, dejo la bolsa sobre la cama, luego hablaré con ella. Yo tengo pocas cosas.

Julia le cogió la bolsa y dijo:

—Pues ¡a trabajar! —y se echó a reír.

—¿Qué solía hacer la otra canguro? —preguntó Esther.

—Lo normal —contestó Julia—. Los vestía y salían a dar paseos; por la tarde jugaban, estudiaban... Cosas normales de niños. ¿Es tu primer empleo?

Esther asintió con la cabeza y fue hacia la cocina.

—Diego, me gusta mucho ese nombre... —dijo acariciando vigorosamente el pelo del niño.

—¿El mío no te gusta? —preguntó Cristina.

—Claro que me gusta, además ¡eres muy guapa!

Cristina giró su cabeza y le dijo a Maribel de forma despótica:

—¡Esta leche se me ha quedado fría! ¡Caliéntamela!

—Cristina, no le hables así, las cosas hay que pedirlas bien —reprimió Esther a la niña.

—Déjame, yo le hablo como quiero. ¿Me vas a pegar? —preguntó desafiante.

—No, no te voy a pegar...

La niña empujó el tazón de leche hacia Maribel, tirando gran parte de su contenido por la mesa.

—¡Caliéntamela he dicho! —añadió.

Esther miró a Julia y esta respondió a su mirada

levantando las cejas y girando la cabeza levemente. Esther sopló y dijo:

—Bueno, jovencita, me vas a obligar a castigarte sin salir al parque... Había pensado en ir a dar pan a los patos... —dijo disimuladamente.

—¿A los patos? Yo quiero ir...

—Entonces pide perdón a Maribel; lo que has hecho no está nada bien.

Cristina puso sus codos sobre la mesa y balbuceó:

—Lo siento...

—No, así no, has de pedir disculpas de verdad —dijo Esther.

—Perdón, Maribel... —dijo la niña acercándose el tazón de nuevo.

—¿Quiere que se la caliente un poquito más, señorita? —dijo Maribel con una sonrisa.

Cristina movió la cabeza de arriba a abajo. Julia hizo un gesto de conformidad y, acercándose a Esther, le susurró al oído:

—Has pasado su primera prueba, enhorabuena...

Y subió las escaleras. Andrea había preparado un biberón para Diego y Esther se lo acercó y este casi se lo terminó de un trago.

—Más despacito, Diego, o te atragantarás —dijo Esther.

—Es un comilón —dijo la hermana.

Las dos sonrieron y Esther añadió:

—Mejor, así se hará un chico grandote y fuerte, y tan guapo como tú... Anda, termina, que te pondré muy guapa y nos iremos al parque.

Una vez habían terminado, Cristina guio a la joven hasta su habitación. Era muy grande, llena de juguetes y peluches. En el centro estaba la cama y a un lado un precioso armario lacado en azul con un espejo.

—¡Qué habitación más bonita tienes! —dijo.

—¿A que sí? —dijo contenta Cristina.

Esther abrió la puerta del armario, estaba todo colocado cuidadosamente. Escogió un bonito vestido rosa y se lo enseñó a Cristina, que se había estirado sobre la cama. La niña negó con la cabeza y señaló uno de color canela.

—¿Este te gusta más? —preguntó.

—Sí, es mi vestido preferido.

—Pues vamos a ver qué tal te sienta...

Esther le sacó el pijama y observó unos moratones en las piernas.

—¿Cómo te has hecho esto? —preguntó.

—Me caí... —dijo la niña bajando la cabeza.

—¿Qué te parece si ponemos un pantalón? Así nadie los verá y estarás más bonita.

Cristina levantó la mirada y le preguntó:

—¿No me vas a reñir?

—¿Reñirte? ¿Por qué? —preguntó confundida.

—La otra canguro me reñía si me veía morados.

—¿Qué pantalón es el que más te gusta? —le preguntó a la niña, sacándole importancia a lo que ella había dicho.

—El de color marrón con un osito —dijo Cristina.

Esther buscó el pantalón y mientras se lo ponía le dijo:

—¿Sabes? Cuando yo era pequeña iba llena de morados. Siempre me caía.

La niña esbozó una sonrisa y abrazó a Esther. Esta se quedó quieta, no sabía cómo reaccionar. Terminó de vestirla y cogió a Diego, que jugaba con algunos juguetes de su hermana.

—Ahora te toca a ti, chiquitín... ¿Dónde está su habitación? —le preguntó a Cristina.

La niña le señaló la puerta de enfrente y fue hacia allí. Era algo más pequeña, pero también muy completa. Había una cama bastante bajita y el armario era de color verde. Esther cogió un pantalón tejano y una camisa de rayitas; lo vistió y dijo:

—Ahora, a peinarse. ¿Y el cuarto de baño?

Salió corriendo al pasillo y señaló la puerta del fondo. Los peinó cuidadosamente; a ella le hizo dos coletas con unas horquillas de animalitos: la niña le había dicho que le encantaban. A Diego le puso colonia y le peinó con la raya al lado.

—¡Ya estamos todos guapísimos! Ahora, al parque.

Cuando bajaron a la cocina, Esther le preguntó a Andrea qué autobús llegaba hasta el parque zoológico y esta se echó a reír.

—¿Autobús?

—Pedro nos llevará —dijo Cristina.

—¿Quién es Pedro? —preguntó.

—Pedro es el chófer —le dijo Julia, que bajaba las escaleras—. Ahora lo llamo.

Esperaron unos minutos y apareció el chófer. Era un hombre de unos cuarenta años, apuesto y de tez morena.

—¡Pedro! —dijo Cristina con cara de alegría.

Pedro abrió sus brazos y la subió muy alto, casi llegaban al techo, pues él era altísimo. Diego fue también hacia él y lo cogió con el otro brazo. Con los dos niños encima dijo:

—Hola, ¿dónde queréis que os lleve?

—Esther nos va a llevar a dar de comer a los patos —espetó risueña la niña.

—¿Esther? ¿Quién es Esther?

—La nueva niñera...

—Hola, soy Esther —dijo dirigiendo su mano a Pedro.

Pedro cogió la mano y la apretó fuertemente. A la chica le dolió, pero no hizo gesto de ello.

—¡Vamos entonces a ver a los patos! —dijo Pedro bajando a los niños al suelo—. Señores, ustedes delante —añadió.

La salida de la parte de atrás daba directamente al garaje. Esa zona ya la conocía de la primera vez que estuvo allí, pero quedó sorprendida al ver un precioso coche de color cobre. Pedro abrió las puertas de atrás e hizo un gesto a Cristina para que entrase; cogió a Diego y lo sentó.

—¡Ponte el cinturón! —le dijo a la niña mientras él mismo ataba el del niño—. ¿Delante o detrás? —preguntó mirando a Esther.

—Me da igual... Bueno, quizás mejor atrás, así vigilo a los niños.

—No te preocupes por eso, en el coche son muy buenos...

—Da igual, prefiero ir con ellos, gracias —respondió Esther.

Fue un día estupendo, los niños se portaron muy bien y a la joven no le costó llevar el control en todo momento. El parque era enorme y había un lago artificial en el centro, y allí es donde estaban los patos; se acercaron a un pequeño puente que cruzaba de lado a lado del lago y empezaron lanzar miguitas de pan. Les ponían nombres divertidos como, por ejemplo, *el pato noche*, porque era un pato muy oscuro; o *el pato come limones* a uno que tenía el pico amarillo. También fueron a ver las palomas y se acercaron para darles pan, pero los niños, al ver que venían hacia ellos todas de golpe, se asustaron y se escondieron detrás de Pedro. Para un primer día Esther pensó que ya era mucho y decidió regresar. Una vez en casa de nuevo, los niños cayeron rendidos después de un buen baño y la lectura de un cuento por parte de su madre, aunque eran muchas las interrupciones que tenía aquella noche por parte de Cristina, pues estaba fascinada con la visita al parque.

Esther, acostada en su nueva cama, se dio cuenta de que empezaba en ese momento una nueva vida para ella, y que eso la hacía feliz.

Pasaron así varias semanas. Los días laborables atendía a los pequeños, cosa que la tenía entretenida y con la que estaba aprendiendo mucho sobre ella misma y sus capacidades. Los fines de semana los pasaba a caballo entre la clínica y casa de sus tíos. La escuela y el atletismo habían quedado algo olvidados, cosa que Marina le reprochaba las pocas veces que la veía por el barrio. Finalmente, a los tres meses, su madre, totalmente recuperada de su adicción, se trasladó de nuevo a su hogar. Cuando su madre cruzó la puerta, miró a los lados y se echó a llorar.

—¿Qué te pasa, mamá?

—No es nada, estoy muy feliz de volver... —dijo secándose las lágrimas.

La joven la abrazó y contestó:

—Yo también estoy feliz de que volvamos a estar aquí las dos, juntas, como antes.

A la madre de Esther le costó unos días adaptarse de nuevo; salir de la clínica era duro para ella, allí todo estaba programado de antemano, tenían dónde apoyarse si se sentían decaídos, pero ahora estaba sola. Tenía muchos miedos a los que hacer frente.

—Voy a hacer las camas, ¿necesitas algo? —preguntó Esther a la vez que levantaba las persianas.

—No, hija, no te preocupes...

Esther había sacado todas las fotos de su padre y todas aquellas cosas que pudieran traer recuerdos a su madre.

—Está todo muy recogido —dijo en voz alta su madre.

—Sí... He venido cada semana para que estuviera a punto el día de tu vuelta —contestó acercándose por el pasillo—. Ya tienes la cama hecha; si estás cansada, te acuestas.

Era sábado por la tarde, el verano había terminado y empezaba a refrescar durante la noche.

—Mamá, si te vas a quedar en el sofá sentada, quizás quieras una mantita.

—Está bien, aunque ahora no tengo frío... —contestó su madre con la mirada perdida a través de la ventana.

—¿Qué miras?

—Nada...

Esther dejó la manta sobre la butaca y le dijo a su madre:

—Yo hoy tengo el día libre; si te apetece, podríamos dar un paseo.

—Mejor mañana, hija —respondió suavemente—, ahora creo que me acostaré un rato.

—¿Pero no habías dicho que no tenías sueño?

—Solo a descansar un rato, no dormiré.

Se acostó y allí estuvo hasta el domingo por la mañana; a veces dormía, otros ratos solo estaba tumbada. Esther la veía desde el salón y sufría. ¿Qué pasaría por la cabeza de su madre en aquellos momentos? Esa noche se hizo muy larga, y Esther oía a su madre llorar en su habitación. Cuando iba a verla, disimulaba diciéndole que estaba resfriada. Ella no sabía cómo ayudarla a pasar aquel trance, solo podía estar a su lado.

Por la mañana Esther entró despacito en la habitación de su madre con una bandeja en las manos.

—¡Buenos días!

—Buenos días, hija mía. ¿Qué me traes?

—¡El desayuno! Mira qué bueno —dijo—. Te he preparado un zumo, una rebanada de pan de molde con mantequilla y un café con leche, corto de café como a ti te gusta.

Su madre sonrió y se incorporó para desayunar.

—¿Me traes mis medicamentos? He de tomarlos en cada comida —puntualizó la madre.

—Cuando termines nos iremos a pasear, mira qué día tan soleado hace —comentó apartando la cortina de la ventana.

—No, Esther, no me apetece... —contestó.

—¡Claro que sí! Te pondrás bien guapa, aunque más de lo que lo eres será difícil, y saldremos a dar un paseo cortito.

Al final accedió a la petición de su hija y salieron a la calle. La madre de Esther se sentía agobiada por el murmullo de los coches. La gente también le causaba temor, era como si todos los vecinos la mirasen y susurraran cosas sobre ella. Dentro de la clínica se sentía segura, pero el mundo exterior era otra cosa. Los psicólogos la habían avisado de aquellas sensaciones que experimentaba, pero con todo y así era algo que no conseguía controlar; era un proceso largo y debía tener paciencia.

—No te preocupes, mamá, con el tiempo desaparecerá ese miedo y podremos pasear tranquilamente —dijo Esther dirigiéndose hacia casa de nuevo—. Mamá, mañana es lunes y yo me iré temprano, así que te dejo comida en la nevera. Solo has de coger el táper y calentarlo. También hay refrescos y en la puerta del congelador te he escrito el teléfono del señor Domingo, ¿vale?

—Estaré bien, tú trabaja tranquila, hija. Ahora estoy cansada, voy a cenar un sándwich y me acuesto.

Sonó el despertador a las siete, así que Esther se preparó y dijo:

—Si necesitas algo más puedes llamarme. Aquí te dejo el número de teléfono del trabajo y también te he apuntado el de tía Inés, por si acaso.

La primera semana sola fue difícil para la madre, tan solo contaba con la compañía de la televisión y alguna visita de vez en cuando de las vecinas del barrio, que realmente, más que visitarla para ayudarla, la mayoría de ellas solo quería alimentar el cotilleo; y de su cuñada Inés, que ella sí se preocupaba pero eran «visitas de médico»: entraba, le preguntaba por si tomaba la medicación y criticaba la limpieza de la casa y la de su cuñada. Con el paso del tiempo se fue acostumbrando a estar sola y consiguió salir algunas veces a la calle, pero siempre de noche, cuando solo se cruzaba con los cuatro vecinos que bajaban a sus perros a pasear, y con ellos no había problema, ya que cada cual iba a la suya y a veces ni se daban cuenta de su presencia.

CAPITULO VI

El ambiente en casa era tenso: a la madre de Esther le molestaba que a esta le gustase tanto vivir con Irene y sus hijos. En cierta ocasión llegó a decirle que se fuese definitivamente, pero Esther entendía que aquellos comentarios eran por la tensión que vivía. Pasaba los días en busca de algún empleo, pero no había suerte: en unos, era demasiado mayor; en otros, la existencia del alcohol en su vida la descartaba.

Con el paso de los meses, la mujer se iba desesperando y volvió a caer en una depresión, y finalmente volvió a caer en el alcohol. Alfredo e Inés decidieron entonces que debía irse a vivir con ellos, así podrían cuidar de ella como necesitaba, pero su madre dijo un no rotundo y se encerró de nuevo en su pena abrazada a la botella.

Para Esther fue un duro golpe, había luchado tanto por sacarla adelante que no podía ver a su madre de nuevo borracha y tirada sobre el sofá. Una vez la joven cogió una botella y empezó a beber: quería sentir cómo sentía su madre, quería descubrir qué tenía la bebida que hiciese olvidar. Pero lo único que consiguió fue un terrible dolor de cabeza cuando despertó casi desnuda tirada sobre su cama.

Cada vez le costaba más quedarse en casa, se pasaba las horas libres encerrada en una pequeña biblioteca que tenía Irene en casa; había libros de todo tipo, pero Esther prefería leer los libretos que contaban historias de amor.

Una tarde, mientras Esther ayudaba con los deberes a Cristina, sonó el teléfono. Julia acudió como era habitual y en un segundo su cara se transformó y se quedó pálida. Andrea, al verla, llamó rápidamente a Irene y la sentaron en una silla de la cocina. Esther, al percibir tanto movimiento, acudió también.

—¿Qué pasa? —Irene preguntó angustiada—. ¿Qué ha pasado?

—Era la policía, preguntaban por Esther.

—¿Por mí? ¡Yo no he hecho nada! —dijo alterada—. Irene, de verdad que no hice nada ilegal, no bebo, no tomo drogas…

—No, Esther, no era por eso, dijeron que fueses a comisaría a buscar a tu madre.

Esther se quedó paralizada.

—¿A mi madre?

—¡Vamos, Esther! —dijo Irene a la vez que hacía que avisaran al chófer.

La comisaría estaba cerca de su casa. Cuando llegaron vieron a su madre sentada en un banco, envuelta en una manta y totalmente bebida.

—Hola, soy la hija de esta mujer. ¿Qué ha pasado?

—Buenas, señorita. La hemos encontrado en mitad de la calle gritando y alterando el orden público.

—¿Me la puedo llevar a casa? —preguntó Esther.

—Sí, pero tendrá que rellenar estos papeles —respondió el policía acercándole un papel para firmar.

La joven cumplimentó todos los documentos que le pedía el comisario y se marcharon. Subieron en el coche de Irene y la madre de Esther se quedó mirando fijamente a la mujer.

—¿Usted es la que se está llevando a mi hija?

—¡Mamá, por favor!

—La que me roba su tiempo y cariño —siguió.

—¡Ya basta! ¡Estás borracha! —Esther abofeteó a su madre—. Ya me has avergonzado bastante…

Irene se mantenía al margen de aquella conversación, solo observaba con lástima la escena. Llegaron y Esther le pidió a Irene que se marchara, que ella volvería en autobús o andando. A su madre no le gustaba que gente desconocida entrara en su casa. Y mucho menos si era Irene.

Esther consiguió desnudar a su madre y ponerle un camisón, y luego la acostó.

—¡Mamá! ¿Por qué me haces esto? —dijo con los ojos inundados en lágrimas.

Su madre se giró y no contestó.

—¡Mírame, maldita sea! ¿No te das cuenta de que no puedes seguir así? Yo no estaré siempre aquí para ayudarte, mamá…

—Déjame —dijo su madre—. Vete con ella, tendrás una vida mejor, sin pobreza, sin dolor, sin una madre borracha a quien cuidar...

Esther se quedó unos segundos pensativa y respondió:

—¿¡Eso es lo que quieres!? ¿De verdad, mamá? ¿Y qué sería de ti?

—¡Estaría bien! —dijo chillando.

—¡No! ¡No estarías bien! Eso es lo que tú crees, pero te hundirías más en la mierda, mucho más aún de lo que ya estás. Pero si eso es lo que quieres, me iré.

Su madre se sentó en la cama y empezó a llorar, y Esther la abrazó...

—Hija mía, perdóname...

Su madre se quedó dormida. Entonces Esther la soltó sobre la cama y la tapó con la sábana. Al llegar a la calle vio a Marina desde lejos; esta se dirigía al entrenamiento. Esther corrió hasta ella:

—¡Marina!

Su amiga se giró y al verla.

—¡Hola! Cuánto tiempo sin verte.

—Sí, es que estoy muy liada cuidando a los niños y de mi madre.

—Ya imagino... —dijo Marina empezando de nuevo a caminar.

—¿Vas a entrenar?

—Sí, como todos los miércoles desde hace cinco años —

dijo en tono irónico.

Caminaron hasta el pabellón en silencio, las dos notaban que aquella amistad se iba enfriando poco a poco, pero ninguna de las dos se atrevía a reconocerlo; en el fondo no querían que pasara, pero la vida de cada una de ellas iba cambiando a medida que se hacían mayores, y lo sabían perfectamente.

Al entrar se encontró con el resto de las chicas, algunas ya ni siquiera la saludaban, otras decían hola con la mano desde lejos y otras se acercaban solo por cotillear, cosa que llenaba de rabia a Esther. Marina salió corriendo con otras chicas y cuando ya estaba lejos se giró.

—¡Ya nos veremos, Esther!

Esther se sentó en las gradas y estuvo allí hasta el final. Cuando se habían marchado todos se levantó y se marchó. En la puerta estaba aparcado César; este le hizo un gesto con su mano para que se acercase.

—Te estaba esperando.

—Creí que ni me habías visto —dijo Esther secándose algunas lágrimas.

—Anda, sube, te llevaré a casa de Irene —dijo César.

Esther subió al coche y disimulaba mirando por la ventanilla para que él no viese su cara de tristeza. Llegaron a un semáforo y César cogió su barbilla y le giró la cara lentamente.

—¿Has llorado? ¿Qué te pasa?

—Un poco —contestó ella—. Mi madre...

El semáforo se puso en verde y César, sin dejar que terminase la frase, besó a Esther y le dijo:

—Vamos a un lugar más tranquilo y me lo cuentas todo, ¿vale?

Esther no tuvo objeción y se dirigieron a una estación de servicio de las afueras, que también tenía un gran aparcamiento para camiones.

—¿Quieres que entremos a tomar un refresco?

—A mí me da igual, la verdad es que no tengo sed, pero si tú quieres algo, entramos.

—Yo estoy bien aquí, contigo. A ver, preciosa, cuéntamelo.

—Estoy harta, César, no puedo más. Sé que mi madre está enferma, pero no puedo estar siempre viviendo en su piel.

—Claro que no —susurró el joven.

—Hoy me ha liado una gorda, la hemos tenido que ir a buscar a la comisaría.

—¿Hemos? —preguntó César contrariado.

—Me ha acompañado Irene, he pasado la mayor vergüenza de mi vida —apuntó Esther—. ¡Y no es la primera vez que me la lía! En otra ocasión la tuve que recoger de un portal, se había quedado allí dormida y otros borrachos le habían robado el poco dinero que tenía, la chaqueta y la botella.

César se acercó a Esther y la abrazó cariñosamente.

—Relájate; si necesitas llorar, llora.

La joven miró a César y lo besó, lo besó intensamente, como si quisiera dejar tatuados sus propios labios en los de él. César respondió a esa pasión y siguió con su juego. Los besos y las caricias se sucedieron un par de horas. César no quería llegar más allá y, apartando con suavidad a Esther, le dijo:

—Es tarde, debería llevarte a casa.

—Sí, creo que será mejor, Irene estará preocupada.

Al entrar en casa se encontró con Irene, que estaba sentada en el salón leyendo un grueso libro. Al verla entrar y con su bonita sonrisa le preguntó:

—¿Cómo está tu madre?

—La he dejado dormida, no sé...

—¿Qué no sabes?

Esther se sentó al lado de Irene, cruzó sus piernas y puso sus manos sobre las rodillas, se colocó el pelo detrás de las orejas y dijo:

—No sé qué será de ella, no tengo ni idea de cómo ayudarla. Quizás debería volver a mi casa.

—Eso es decisión tuya, pero si te sirve de algo mi consejo, no lo hagas. Tu madre no está curada todavía y, aunque no lo veas, ahora el alcoholismo es una adicción muy fuerte; ella pasará muchas horas sola en casa mientras tú estés aquí, se le abrirán un montón de tentaciones al ver que nadie la controla. Es una guerra que debe librar ella sola, tú solo puedes esperar a que decida de verdad que quiere ganar las batallas.

—Me voy a dormir, estoy muy cansada... Gracias —dijo Esther.

—Yo me quedo un rato más, estoy esperando a alguien.

Esther se dio cuenta en ese momento de que Irene iba muy seductoramente vestida.

—¡Es cierto! Perdona, me centro en mis problemas y no veo más allá de mi ombligo. Vas guapísima, ¿vais a salir a cenar?

—No, supongo que nos iremos a mi habitación... —dijo Irene.

—Ah, pues nada... Pasadlo bien.

Esther se marchó a la habitación; como bien había dicho antes, estaba agotada y se durmió incluso antes de tocar la almohada.

Por la mañana con los ojos todavía entre abiertos se le representó la imagen de César en la oscuridad; ella sabía que estaba locamente enamorada, pero también sabía que César era un chico que no solía comprometerse mucho tiempo con la misma chica. Se levantó para atender a los niños, se puso un pantalón de chándal, una camiseta cómoda y fue hacia las habitaciones. Al llegar encontró a Irene vistiendo a Cristina.

—Perdón, me retrasé un poco...

—No te preocupes, ya están casi listos —dijo su madre.

Esther cogió a Diego y lo llevó al aseo para peinarlo, luego se acercó Cristina. Una vez estuvieron preparados, Pedro los llevó a la escuela.

—Cuando deje a los niños en la escuela iré a ver a mi madre —le comentó Esther a Irene.

—Me parece bien, pero no olvides estar a la hora de recogerlos.

—Tranquila, allí estaré.

Esther le pidió a Pedro si podía acercarla a su casa; este la llevó sin problema y se ofreció para esperarla, pero ella prefirió quedarse sola, no quería estar pendiente de nadie, necesitaba su tiempo. Al subir al piso todo estaba como lo había dejado la noche anterior, su madre estaba aún en la cama totalmente tapada. La joven se acercó y le susurró al oído:

—Mamá, buenos días.

La madre no se movía y Esther levantó un poco las sábanas. Su madre estaba pálida y fría.

—¡Dios mío! ¿Mamá?

La joven la zarandeó, pero el cuerpo inerte de su madre yacía muerto entre las sábanas mojadas. Corrió al teléfono y llamó al servicio de urgencia pidiendo una ambulancia. Tardaron poco tiempo en llegar. Durante el camino hacia el hospital Esther no soltó una sola palabra; estaba anclada en el horizonte, su mirada estaba perdida al igual que sus pensamientos.

—No te preocupes, todo saldrá bien —le dijo un

enfermero—. ¿Tienes a alguien a quien podamos llamar?

—Yo lo haré, pero gracias.

Se quedó en la sala de espera y llamó a Irene, la cual se presentó allí en muy poco espacio de tiempo. Las enfermeras la miraban con los ojos angustiados; entonces un doctor se acercó a ellas.

—¿Familiares de Dolores Fragua?

—Sí, ella es su hija —dijo Irene.

Esther miraba al doctor fijamente y cuando escuchó de sus labios la triste noticia se derrumbó y empezaron a brotar lágrimas de sus ojos. Irene la cogió y la abrazó fuertemente.

—¿Qué ha pasado? —preguntó entre sollozos.

—Ha tenido un paro cardíaco, no se pudo hacer nada, lo siento... —y el doctor se marchó.

—Hay que llamar a mis tíos —dijo Esther dando a Irene la agenda que llevaba en la cartera.

Irene se dispuso a llamar a Inés; se planteaba mil maneras diferentes de contarles la historia, pero finalmente decidió contarla de la manera que ella la había conocido. Al poco tiempo llegaban al hospital Inés y Paula. Inés miró a Esther y le dijo a Irene:

—Gracias por avisarnos.

Irene asintió con la cabeza y se apartó para dejar espacio a la familia de Esther. Paula había estado llorando, pero en ese momento aguantaba su dolor orgullosamente. Al cabo de unos minutos llegaba Alfredo, que entró directamente a abrazar a su sobrina.

—¿Cómo estás, pequeña? —le dijo con cariño.

Esther seguía llorando, casi no podía gesticular palabra, pero de su boca salió una simple palabra.

—Aliviada...

—¿Aliviada? —preguntó Inés.

—Sí, me siento aliviada, ¡vosotros no sabéis lo que era vivir con ella! Aguantar sus insultos, recoger sus devueltos, taparla por las noches cuando se dormía en el sofá después de haber soltado por la boca mil improperios de todos nosotros.

—¡Solo pasabas los fines de semana con ella! —gritó Inés cogiéndola por los hombros.

—Ya basta, por favor... Estamos en un hospital... —dijo Alfredo.

Esther se acercó a Irene y dijo:

—La enterraremos y para mí empezará una nueva vida. Aunque no lo entendáis, solo os pido comprensión; si no queréis comprenderlo, esta será la última vez que os vea.

Y se marchó. Entraron las dos en el coche e Irene no se atrevió a hablar. Nunca había visto a Esther de ese modo, nunca se había parado a pensar cómo vivía esa mujer que empezó a cuidar a sus hijos siendo una niña y hoy la tenía como un bloque de hielo, compacto y fuerte, delante de ella, casi una mujer a punto de cumplir sus dieciocho primaveras.

Esther fue al entierro de su madre. Solo acudieron a darle

el último adiós sus tíos, el señor Domingo, algunas vecinas, Irene y la gran sorpresa para ella: Marina. Al terminar la ceremonia Marina se acercó para darle el pésame y esta le respondió:

—¿El pésame? Dame la bendición...

—¡Esther, por favor! No montes una escenita aquí, no es momento ni lugar.

—¡Tú qué sabrás! ¿Acaso has estado a mi lado? ¿Hemos compartido momento geniales e inolvidables junto a ella? ¡No! Estabas demasiado ocupada con tu nuevo novio.

Marina se fue llorando y cuando se había alejado unos pasos se giró y le dijo:

—Ya no sé quién eres, pero no eres la Esther que yo quiero. Adiós...

A lo lejos observaba Irene, sin mediar entre ellas; solo se fijaba en los detalles que estaban provocando que Esther se sintiera desgraciada y sola. Cuando todos se habían marchado, se le acercó y, poniendo su brazo alrededor de los hombros de la chica, dijo:

—Vamos, iremos a buscar tus cosas a tu casa y las traerás a mi casa; si quieres puedes quedarte a vivir con nosotros allí.

Aquellas eran las palabras que estaba esperando escuchar. Secó sus lágrimas, se recompuso y, sacando fuerzas de donde no las había, se dirigieron a su casa. Estaba totalmente desordenada, su madre ya no hacía nada en casa, no limpiaba, ni lavaba la ropa, ni tan siquiera hacía comida, solo bebía y bebía... Esther se sintió avergonzada al ver aquella pocilga e Irene dijo:

—Me recuerda a la casa en la que vivía cuando era pequeña...

Esther la miró muy sorprendida.

—¿Vivías en un sitio como este? —preguntó.

—Sí, hasta los diecinueve años. Luego la vida me sonrió y ahora ya ves... —dijo girando alegremente como si estuviera en un pase de modelos.

—Nunca lo habría imaginado, pensaba que serías de una familia de clase alta, con mucho dinero y joyas.

—¡Ojalá! Pero no, mi padre era un cerdo, pegaba a mi madre y andaba con muchas mujeres, mi madre lo sabía y se refugiaba también en el alcohol y de vez en cuando traía a casa algún amigote suyo para ya sabes...

—Ya... —añadió Esther.

—Aquellos hombres a veces no se quedaban satisfechos con mi madre y se lo pasaban bien con alguna de mis hermanas mayores; luego dejaban unos billetes en la mesa y se marchaban.

Esther se sentó lentamente en el sofá, escuchaba atentamente la historia de la vida de Irene, algo que no había imaginado ni por un momento que fuese de aquella manera.

—Un día llegó un chico con mi madre, yo acababa de cumplir los dieciocho años, él no sería mucho mayor que yo. Mi madre lo cogió por el hombro y lo acercó a mí. Le dijo:

«venga, chico, adelante...». Yo salí para esconderme en mi habitación, él entró también y se echó sobre mí como un poseso; el resto te lo puedes imaginar...

—¿No chillaste? ¿Por qué?

—El dolor no me dejaba, además, ¿quién iba a escucharme? ¿Mi madre? ¡Ella había traído a ese hombre a casa! Me sentía como una puta barata, mi propia madre me había alquilado a cambio de unos billetes. Al día siguiente cogí una bolsa de gimnasio vieja, la llené con ropa y me fui de casa.

—¿Adónde? —preguntó Esther ansiosa de saber el final.

—Me fui a casa de uno de los hombres que solían venir a casa con mi madre, aquel hombre siempre había sido bueno conmigo, me respetaba. Me enseñó muchas cosas de la vida, entre ellas, a ser una señorita y a sobrevivir en este mundo de locos. Me quiso como un padre.

Esther tenía cara de alucinada y antes de que preguntase por el hombre, Irene añadió.

—Aquel hombre es el padre de César...

—Entonces... ¿César es tu hijo? —preguntó muy nerviosa.

—¡No! Ese hombre y su esposa son los padres de César, yo soy como una tía para él, una amiga de su padre. César no sabe nada de esta historia y espero que no se lo cuentes —dijo Irene mirándola fijamente—. Te preguntarás por qué te he contado todo esto...

—En realidad, sí.

—Esther, tú puedes hacer muchas cosas con tu vida, tienes un precioso físico, una carita de ángel y una fortaleza que aguanta el mundo. Yo puedo ayudarte a ser una mujer de pies a cabeza, puedo ayudarte a ser como yo.

A Esther se le iluminó el rostro y preguntó:

—¿Como tú? Eso es imposible, no creo que nunca consiguiera tu elegancia.

—Lo primero que hay que hacer es comprar algo de vestuario, renovaremos tu armario y organizaremos una fiesta de presentación social aprovechando tu cumpleaños.

—¡Madre mía! ¿Estás segura de que quieres ayudarme? —preguntó dudosa—. No estás obligada a nada, al fin y al cabo, solo soy la canguro, trabajo que hago muy gustosa.

—¡Claro! Algún día me lo agradecerás.

Dejaron todas aquellas cosas allí y se marcharon. La semana siguiente Irene llevó a la joven por las tiendas más lujosas de la ciudad: ropa, zapatos, complementos. No faltaba de nada y Esther estaba viviendo un sueño, sin saber que a veces los sueños deben esperar en un cajón hasta que puedan disfrutarse completamente.

Por la tarde, Irene hizo llevar todas las cosas de Esther a una habitación del piso de arriba. La chica no se lo podía creer, era preciosa, tenía un ventanal grandísimo desde donde se veían las montañas; la cama era más grande de lo habitual, y tenía un tocador con un espejo enorme a juego con el mobiliario. Sobre este, peines, cepillo, maquillaje y otras cosas que nunca había visto y no tenía ni idea de para qué servían.

Aquella noche Esther salió a correr un poco, como muchas otras noches. Al salir a la calle encontró a César en las escaleras de la puerta de atrás.

—¡Hola! ¿Qué haces aquí?

—Te esperaba para correr juntos... —dijo César.

—Encantada.

Los dos corrieron a marcha lenta durante varios kilómetros. Esther solía recorrer los caminos de una pequeña montaña que estaba cerca de la casa. César aceleró el paso y Esther le siguió; entró por un camino estrecho donde la vegetación era densa y al llegar a un pequeño claro se dejó caer. Ella, que iba algo más retrasada, bajó el ritmo y al llegar a él descansó apoyada en un árbol.

—Ufff —dijo Esther—. ¡Vas demasiado rápido!

—Tú puedes con esto y con más —contestó.

Esther se sentó al lado de César. Este, acostado en el suelo, acariciaba el pelo de la chica.

—Tienes un pelo precioso.

—Gracias —contestó ella tumbándose también.

César se incorporó levemente y se inclinó para besar a Esther, ella lo abrazó. Las manos de César resbalaban por los muslos de la chica y esta jugueteaba dentro de su camiseta.

—Estás sudado...

—Más quiero estarlo —contestó.

César cogió los brazos de Esther y los puso sobre su cabeza agarrándolos con una mano; luego bajó despacio el pantalón de deporte y acarició su sexo.

—¡César! No estoy preparada aún para esto, soy virgen todavía.

—Lo estás deseando; crees que no me doy cuenta de cómo se excitan tus pechos cuando estoy al lado, cómo aprietas las piernas cuando vamos en coche.

En un segundo, César bajó su ropa e intentó penetrar a la joven.

—No quiero, César, déjalo por favor. No —dijo asustada.

Él abrió las piernas de la joven y agarró con fuerza sus brazos, luego la penetró. Esther soltó un grito de dolor y se resistió todo lo que pudo. César siguió hasta el final y, cuando terminó, le dijo:

—Lo deseabas igual que yo...

Esther se levantó, se subió el pantalón y se fue corriendo hacia la casa.

CAPITULO VII

La vida de Esther se desmoronaba por momentos. Lo que ella había guardado como algo especial le acababa de ser arrebatado por la persona que amaba. Había soñado muchas veces en aquella primera vez, pero nunca pudo imaginar que su piel se estremecería de dolor y miedo, y no de pasión. Algo que debía ser un bonito recuerdo se convertía en un peso insoportable de llevar.

Al entrar en casa de Irene se dirigió directamente a la ducha; frotó su cuerpo una y otra vez y, apoyada en la pared, dejaba resbalar el agua por su espalda y las lágrimas por su rostro.

Irene, que se había dado cuenta de la rapidez con que subía la chica las escaleras, llamó a la puerta del baño.

—¿Te pasa algo, Esther?

—¡No! Nada, gracias...

Durante varios días, la joven evitó relacionarse con las personas de la casa, se sentía sucia y no sabía cómo enfrentarse a tal suceso. Irene la observaba desde lejos, pero no dijo nada hasta el día anterior a su cumpleaños

—¿Puedo pasar? —preguntó Irene desde la puerta de la habitación.

Esther leía un libro sobre su cama, tumbada boca abajo.

—Claro, estás en tu casa.

Irene se sentó lentamente en un costado de la cama y se quedó en silencio.

—¿Querías algo? —preguntó Esther.

—¿Me vas a contar qué te pasa? ¿Tienes algún problema? ¿Puedo ayudarte en algo?

—No, todo está bien. Supongo que son tonterías o la regla, que me agria el carácter.

—Bien... Si no quieres contármelo estás en tu derecho —dijo Irene—. Mañana es la fiesta. ¿Ya sabes qué te vas a poner?

—No estoy para fiestas. No me apetece...

—¿No te apetece la fiesta? ¿En tu dieciocho cumpleaños? Será algo especial. Lo pasarás bien.

Esther negó con la cabeza y siguió leyendo.

—Venga, mujer, te presentaré a mis amigos y verás...

Irene abrió el armario y escogió de entre los vestidos uno de color blanco y, poniéndoselo sobre el tronco, se giró riendo.

—¡Bailarás como una princesa de cuento! Todos te miraran y deslumbrarás con tu sonrisa —dijo emocionada—. ¡Ah! Pero este me lo dejas a mí, ¿vale?

Esther se encogió de hombros y siguió inmersa en su lectura. Irene se acercó y retiró el libro.

—No sé qué te habrá pasado, eso es cosa tuya. Pero esa

fiesta se celebrará y tú serás la invitada de honor. No puedes dejar que nada ni nadie amargue tu gran día.

—No me apetece, de verdad. —repitió la joven.

—¡Irás! Y no se hable más. Lo pasarás muy bien. Te quiero preciosa y sonriente en esa fiesta, ¿entendido?

Esther miró fijamente a Irene y respondió cabizbaja:

—Sí, iré, pero si no estoy a gusto me retiraré, ¿de acuerdo?

—Me parece bien —dijo Irene muy sonriente—. Estoy segura de que no pasará —añadió tirándole cariñosamente un cojín.

Esther cogió el cojín entre sus brazos y de un salto de puso boca arriba. Tras unos segundos de reflexión, se dijo a sí misma, (¿por qué no?). Se acercó al armario y se probó media docena de vestidos, pero ninguno de ellos le gustaba para lucir en aquella ocasión. Era su primera fiesta en sociedad y sobre todo, era la primera vez que era la anfitriona de una fiesta de adultos. Se sentó frente al espejo y se maquilló con colores intensos y marcados rasgos.

—¡Tú serás la reina de la fiesta, chica! —le dijo a la imagen que se reflejaba en el espejo.

Al día siguiente se levantó emocionada y, rebuscando entre su vestuario, encontró un precioso vestido negro. Su sonrisa se iluminó y se preparó para el gran día.

Era ya la hora y empezaron a llegar amistades de Irene. Hombres y mujeres elegantemente vestidos. Había muchos hombres solos, cosa en la que Esther no prestó demasiada atención. Irene se había enfundado en el vestido de Esther; eran tan parecidas físicamente que le quedaba estupendo. En su cuello lucía un impresionante collar de perlas blancas. Estaba radiante. Los niños correteaban entre los invitados, volviendo loca a la pobre Julia, a la que habitualmente no solían hacer demasiado caso.

Finalmente, Esther bajó las escaleras que conducían al vestíbulo entre las miradas de los invitados. Irene, al verla, fue hasta ella.

—¡Estás preciosa!

—Gracias, estoy hecha un flan —respondió.

Esther había combinado con mucho gusto el vestido negro con un echarpe de color canela y un zapato de tacón alto. Su pelo, recogido en forma de moño, dejaba caer un par de mechones seductoramente al lado de su rostro.

—Inhala aire y sonríe. Vamos, te presentaré a la gente.

Andrea y Maribel entraron con unas bandejas con copas de cava y canapés que iban repartiendo entre la gente.

—¡Ismael! —dijo Irene dirigiéndose a un joven apuesto.

—¡Hola! Irene, estás preciosa esta noche, encanto —respondió el joven besando la mejilla de Irene.

—Gracias, adulador.

—¿Quién es esta maravilla que te acompaña?

—Os presento. Esther, este es Ismael; Ismael, esta es Esther.

—Isma para los amigos —se presentó el joven acercando

su mano hacia la chica.

Esther cogió su mano y se quedó sorprendida al ver que Isma se acercaba para darle dos besos.

—Os dejo un momento, voy a ver si alguien necesita algo —dijo Irene—. Cuídamela bien, es como una hija para mí —añadió.

—Imposible no cuidar a una belleza como esta...

Esther se sonrojó y se despidió de Irene con una sonrisa forzada.

—Bueno, Esther —dijo Isma—, nos han dejado solos.

—Eso parece...

El joven se puso a reír y le dijo:

—Podemos hablar del tiempo, de mi trabajo, aunque te aviso que es un tema algo aburrido, o nos podemos conocer algo más.

—Cualquiera de los temas me parece bien —dijo Esther.

—No te preguntaré la edad, sería una pregunta estúpida en un día como hoy, ¿no? ¿Eres de aquí? Quiero decir, ¿de Barcelona?

—Sí, soy de aquí.

—¿A qué te dedicas?

—Trabajo para Irene —contestó Esther.

—Ah... ¿Pero qué haces exactamente?

—Soy la cuidadora de sus hijos.

—¡Vaya! ¿La canguro?

—Exacto, la canguro... ¿Qué te pensabas?

—No, nada, perdona... ¿Y son buenos niños? ¿Se portan bien o te hacen usar mano dura?

—¡Nooo! Son unos niños estupendos, se portan muy bien y me encanta estar con ellos y aprender, porque, aunque te sorprenda, se puede aprender mucho si les prestas atención.

—¿Tienes novio? —preguntó vigorosamente Isma.

Esther, incómoda con aquella pregunta, aprovechó que Diego pasaba corriendo y empujando a la gente.

—Discúlpame un momento.

Y se marchó detrás del niño. Al ver aquello, Julia fue hacia ella.

—Lo siento, Esther, es que no me hace nada de caso...

—No te preocupes, además, ese tío es un pelmazo.

Las dos se echaron a reír y llevaron al niño hacia la cocina. Al regresar al salón se encontró con César.

—Hola...

—No tengo nada que hablar contigo —dijo la chica sacando genio.

—¡Déjame que te explique!

—No me debes explicación ninguna, nunca hubiera pensado eso de ti —dijo apartando a César de su camino.

Ismael, al ver aquella escena, se acercó a Esther y preguntó:

—¿Pasa algo?

—No, Ismael, gracias. Es un amigo de Irene. ¿Vamos a tomar un poco el aire? Aquí hay demasiada gente y no toda es de mi agrado —dijo Esther cogiendo el brazo de Isma.

—¡Claro!

César se quedó mirando cómo se alejaban y apretó sus puños. Cuando llevaban unos minutos caminado calle arriba, Isma preguntó:

—¿Es tu novio?

—¡Pero qué manía tienes tú con los novios! No, no es mi novio, era un amigo.

—¿Era? —preguntó de nuevo Isma.

—Era, es. ¿¡Qué más da!? —espetó bastante irritada.

—Disculpa, no quise molestarte... Sé que soy algo curioso.

Esther se quedó callada un rato y dijo:

—Tengo frío.

—¿Frío?

—Sí, frío... —insistió ella.

—¡Pero si hace una noche estupenda!

—¡Pues yo tengo frío! ¿Acaso no puedo tener frío? —alzó la voz Esther.

—Sí, mujer, ¿quieres volver?

—Sí, por favor...

Cuando regresaron a la fiesta, Irene se acercó exaltada.

—¿Se puede saber dónde estabais? Bueno, mejor no me lo digáis, no quiero detalles —dijo echándose a reír.

—Dábamos un paseo, pero me cogió frío.

—¿Frío? —preguntó frunciendo el ceño—. ¿Vamos a soplar las velas? —le preguntó a Esther.

Irene se llevó a Esther con la excusa perfecta.

—¿Todo bien, hija?

—Sí, todo bien. Me agobiaba la multitud y le pedí salir a tomar el aire.

Irene subió algunos peldaños de la escalera y llamó la atención de sus invitados haciendo sonar un pequeño gong que adornaba un precioso mueble de cristal.

—Señores, señoras... Llegó la hora de soplar velas.

Entró Maribel con un carrito de ruedas que llevaba un enorme pastel coronado por dieciocho velas encendidas. Andrea apagó la luz y todos cantaron el cumpleaños feliz. Al terminar, se escuchó una voz al fondo.

—¡Que pida un deseo!

Era la voz de César. No podía verlo, pero conocía perfectamente esa voz.

—¡Sopla con fuerza! —gritó Irene.

Esther cerró sus ojos y luego sopló con todas sus fuerzas hasta apagar hasta la última vela. Se encendieron las luces y todos aplaudieron. Esther se sonrojó y recibió el caluroso abrazo de Irene.

—Toma, Esther —dijo Isma dándole una pequeña caja—. Es mi regalo de cumpleaños, espero que te guste...

La abrió con mucho cuidado y se quedó boquiabierta al ver una preciosa cajita de música.

—¡Qué bonita es! Gracias, Isma —dijo sonriente.

Después se fueron acercando algunos de los amigos de

Irene dándole diversos regalos.

—Esto es mucho para mí —dijo al ver un precioso marco de plata.

—¡Tonterías! —dijo el caballero que se lo había obsequiado—. Te mereces esto y mucho más. Ahora formas parte de nosotros y, como tal, te cuidaremos bien.

César se acercó también y le dio a la joven un sobre.

—Ábrelo cuando estés sola, por favor —dijo en voz baja.

Esther hizo la intención de rechazarlo, pero no quería dejar a la imaginación de la gente aquel hecho y lo aceptó.

—Irene, me voy —dijo César.

—¿Ya te vas? ¿Cómo es eso?

—Tengo compromisos hoy...

Los dos se echaron a reír e Irene añadió:

—Anda, ve, no la hagas esperar, don Juan.

César sonrió y se despidió con la mano, perdiéndose entre la gente. La gente se fue marchando poco a poco y finalmente se quedaron un pequeño grupo de personas, las más íntimas de Irene: Ingrid, una hermosa mujer que abrazaba constantemente a cada uno de ellos; Alberto, un señor grueso de edad avanzada; Ismael; una muchacha de color, la cual no le había sido presentada; y Santi, un apuesto hombretón de unos cuarenta años que dejó a Esther sin palabras cuando le regaló un precioso reloj de pulsera. Se sentaron alrededor de la mesilla y hablaron hasta altas horas de la madrugada. Esther luchaba por tener abiertos los ojos, pero, en una de las ocasiones, Santi reposó la cabeza de la joven sobre sus piernas y le dijo:

—Duérmete aquí, estamos entre amigos.

Esther se quedó tumbada mientras los dedos de Santi acariciaban el cuello y escote de la joven. Irene miraba desde el otro lado de la mesa y sonreía. Al fin se marcharon todo menos Santi, y Esther se retiró también. Irene acompañó a Esther hasta el principio de la escalinata y le dijo a la joven:

—Santi se ha fijado en ti, cielo. Es un hombre poderoso, puede hacer mucho por ti si tú eres generosa con él.

Esther no entendió exactamente lo que quería decir Irene, entre el sueño y el cava sus palabras se borraron rápidamente. Asintió con la cabeza y subió hacia su habitación. Al llegar arriba, escuchó cómo la llamaban. Era Santi, que estaba al pie de la escalera.

—¿Me dejas que te arrope? —preguntó.

—Soy algo mayor para eso, ¿no?

—Pero me encantaría hacerlo... Irene me ha dicho que te quedaste sin padre muy jovencita, será como un precioso recuerdo, ¿no te parece?

Antes de que Esther pudiera decir nada, Santi ya estaba a su lado.

—Yo tengo una hija de tu edad, no tengas miedo.

Se dirigieron a la habitación y Esther se tumbó sobre la cama, estaba mareada y todo le daba vueltas. No estaba acostumbrada a beber y, aunque no había sido mucho, los efectos eran notorios en su cabeza. Santi se sentó a su lado y acarició su pelo. Sacó las pinzas que sujetaban el moño y las posó en la mesilla. Ella estaba confusa y no sabía qué hacer.

—¿Quieres que te dé un masaje? Te relajará.

—No, gracias...

—Venga, tonta —dijo Santi, bajando el vestido hasta la cintura y dejando la espalda de Esther desnuda.

La acarició suavemente; era muy cariñoso y sensual, sus dedos resbalaban dulcemente por la piel de Esther, cosa que hizo que se erizara su vello.

—¿Te gusta?

—Sí, me gusta. Si sigues así, me quedaré dormida...

Santi continuó bajando el vestido de Esther hasta sacarlo totalmente. Abrió cuidadosamente las piernas de la jovencita.

—¿Qué haces? —preguntó Esther.

—Nada, no temas, solo voy a masajear tus muslos.

Santi siguió con el masaje. Pasaba sus manos por las piernas muy despacio, haciendo círculos con sus pulgares y presionando sin fuerza. Cuando se acercó a la parte interior de los muslos, Santi se quedó durante unos segundos acariciando. Santi bajó las braguitas de Esther y masajeó también los glúteos. Se estaba despertando en Esther una excitación que, aunque no había experimentado nunca, sabía lo que era. Subía por su vientre una sensación agradable que encogía su estómago y endurecía sus pezones. Tenía muy presente la violación que había sufrido por parte de César y temía que volviese a pasar, ahora con Santi.

—Santi, estoy muy cansada... Creo que me acostaré ya. Gracias por el masaje.

—Está bien, ha sido un día muy intenso para ti, mejor descansas —dijo Santi subiendo de nuevo la braguita de la joven.

Cuando estaba a punto de cerrar la puerta, el hombre se fijó en los firmes pechos de Esther y le dijo:

—Tienes unos pechos preciosos, seguro que saben a miel... Buenas noches.

Esther se tapó con las sábanas y se quedó profundamente dormida. Por la mañana, cuando se disponía a vestir a los niños, Irene se le acercó y le dijo:

—Santi me dio esto para ti, me dijo que te diera las gracias...

Y le acercó un sobre. Al abrirlo, encontró cien euros. La joven se sorprendió: ¿por qué le habría regalado ese dinero? Y recordó entonces que también tenía la carta de César en la mesita. Se apresuró a ayudar a Irene con los niños y, una vez se habían marchado hacia la escuela con Pedro, ella corrió a leer la carta:

«Querida Esther:
Sé que el otro día me comporté como un verdadero cerdo, te pido perdón por ello. Me dejé llevar por mis deseos pensando que tú

querías lo mismo que yo. Cuando te marchaste, me quedé tumbado, llorando como un niño; yo te quiero, era mi deseo que fuese bonito para ti, pero no me supe controlar.

Solo quiero que sepas esto y que me perdones, que me des una segunda oportunidad. Te prometo que no se volverá a repetir. Deseo tu cuerpo locamente, pero solo sucederá algo si tú lo deseas también... Créeme, por favor.

Te quiere, César».

Esther dejó caer una lágrima sobre la hoja y se corrió la tinta, luego la guardó en su cajón junto al dinero que le había dado Santi.

CAPITULO VIII

Los meses iban pasando y Esther estaba cada vez más unida a Irene: salían juntas de compras, iban a comer y a cenar con sus amigos, compartían vestuario y Esther era invitada a las mismas fiestas que Irene. Habían quedado atrás su niñez y su inocencia.

Una noche, en una de aquellas fiestas, Irene se encontró indispuesta y se marchó a casa. Esther se quedó en la fiesta unas horas más y, al terminar ésta, Santi la acompañó de regreso a casa.

—Hacía mucho tiempo que no estábamos solos —dijo Santi.

—Es cierto, no he tenido oportunidad de agradecerte tu regalo.

—¿El reloj? —preguntó él.

—No, el dinero...

—¡Ah! No importa, es una tontería de nada.

Esther besó la mejilla de Santi y este respondió con un tierno beso en los labios. Esther se lo quedó mirando.

—¿Te ha molestado?

—No, al contrario...

Santi cogió por los hombros a la chica y la besó de nuevo.

Esther respondió al beso, pero luego se apartó.

—¿Qué te pasa?

—Eres un hombre casado, no lo veo bien.

—No, ya no estoy casado. Me gustas, y mucho...

—También tú me gustas, pero tengo miedo, nos llevamos muchos años, podría ser tu hija.

—¿Miedo de qué? No te haré ningún daño, además, no eres mi hija. Podrías ser otra cosa para mí si quieres, no te faltaría de nada —dijo Santi.

—Todos decís lo mismo.

—No soy como los demás, yo piso firme y sé lo que quiero y lo que busco, nunca haría nada que te dañara.

—Bueno, ya estamos casi. Si no te importa, seguiré sola.

—Como quieras —dijo Santi aceptando la decisión y tomando una calle que bajaba transversalmente.

Esther siguió en la misma dirección acelerando su paso.

—¡Esther! —gritaron desde lejos.

Esther reconoció la voz y se paró. Era César, que también había estado en la fiesta. La había estado observando cómo coqueteaba con los amigos de Irene, sobre todo con Ismael, y eso lo celaba.

—¿Me dejas acompañarte hasta casa de Irene?

—La verdad es que quiero ir sola, pero como harás lo que te dé la gana… —dijo sin mirarlo.

—¿Leíste mi carta? —preguntó mientras caminaban despacio.

—La leí.

Se quedaron los dos en silencio durante unos minutos, pero a Esther le costaba mucho no decir lo que pensaba, sobre todo en este caso. Al final se paró y, cruzando los brazos, levantó la cabeza y lo miró fijamente:

—Abusaste de mí, César...

—¡Te deseaba!

—Yo también te deseaba... Pero no quería que fuese de aquella manera. Mi primera vez debía ser bonita, romántica y, por supuesto, contigo. Eso es lo que yo soñaba cada noche al acostarme desde que te conozco.

—Todavía me quieres, ¿verdad? —preguntó César poniéndose delante de la joven.

—Sabes que sí, te quiero como no he querido nunca a nadie, pero me hiciste mucho daño.

—Sabes que lo siento.

César miró con ternura a Esther y se acercó despacio para besar a la joven. Ella no hizo ningún gesto, ningún movimiento que diera a entender a César que no lo deseaba y se besaron pasionalmente.

—No volverá a ocurrir, ¡lo juro!

Continuaron el camino abrazados, en silencio. Al llegar a la puerta de su casa, Esther le dijo:

—¿Te gustaría subir?

—Me encantaría —respondió César.

Esther abrió la puerta y la dejó abierta a su espalda,

incitándole a seguirla. Una vez en la habitación, Esther observó que los ojos de César estaban totalmente rojos.

—¿Qué has tomado?

—Nada... He fumado algunos petardos. Bueno, y alguna copa en la fiesta.

—¿Tomas drogas? —preguntó Esther desabrochándose la camisa.

—Es una manera de pasarlo bien, cielo —dijo César acercándose a la chica.

Esther se bajó la falda que llevaba muy lentamente, contoneándose.

—Siéntate ahí —le dijo a César señalando la cama.

César se la quedó mirando, sus ojos se clavaron en su cuerpo casi desnudo. Esther solo había dejado sobre su piel un precioso conjunto de encaje amarillo claro. Una vez hubo colgado la ropa en el respaldo de la silla se acercó a César y abrazó su cabeza junto a su pecho.

—¿Quieres amarme?

—¡Claro! No sabes cuánto te deseo... —dijo César abriendo los brazos de la joven.

Esther se sentó sobre las rodillas de César y empezó a besarlo. El joven se dejó llevar por ese erótico juego que ella proponía. En breves instantes estaban los dos tumbados sobre la cama. César soltó el cinturón que sujetaba su pantalón y desabrochó el botón. Esther cogió su mano y la apartó; luego, bajó lentamente la cremallera e introdujo su mano. César jugaba con sus pechos, notaba la excitación que ella tenía por sus pezones. Poco a poco fue desnudando a César y, cuando lo tuvo en ropa interior, lo tumbó boca arriba sobre la cama y se puso encima de él. Frotaba su sexo contra el sexo de César.

—¡No pareces la misma! —dijo César.

Esther se agachó y besó el pecho del joven. Luego dejó resbalar sus labios por el resto de su cuerpo. La respiración se aceleraba y los jadeos empezaron a hacer acto de presencia. Esther había soñado con aquella noche, con esa forma de amar, con esa entrega sensual y completa. César se incorporó y sacó su calzoncillo. Luego desabrochó el sujetador de Esther y, muy lentamente, la despojó de su braguita. Mientras resbalaba por sus piernas, César saboreó la piel de Esther mientras esta gozaba diciendo su nombre. Se puso sobre ella y entre caricias y besos se fundieron en uno.

Por la mañana, Esther se despertó sola; no se había dado cuenta de la marcha de César. Se levantó y miró su cuerpo desnudo en el armario. Acarició su vientre y sus pechos recordando aquella noche de pasión.

Aquel día transcurrió como tantos otros días, entre las tareas del hogar y la educación de los niños. Por la noche, cuando los pequeños ya estaban acostados, Irene la llamó.

—¿Quién estuvo en tu cama ayer por la noche? —preguntó Irene mirando por la ventana.

Esther se quedó algo confundida.

—¿Era César? ¿Te has acostado con César? —insistió bastante seria.

—Sí, ha venido César esta noche...

Irene miró a Esther y soltó una carcajada. Se acercó a ella rápidamente y la sentó en el sofá.

—¡Cuéntame!

Esther estaba algo avergonzada. ¿Cómo iba a contarle a Irene cómo se había sentido al hacer el amor?

—Habrás tomado precauciones, ¿no?

—Bueno...

—¡No me digas que no ha usado preservativo! ¡Esther! ¿Eres tonta o qué?, —dijo Irene levantándose del sofá—. Me parece estupendo que disfrutes del sexo, la sexualidad es algo bonito, pero has de usar algún anticonceptivo.

—Habíamos bebido algo y no pensé en ello.., —dijo Esther bajando la cabeza.

—¿Es la primera vez?

—No... —dijo cabizbaja.

—¡Joder, Esther! ¡La próxima vez has de estar preparada! Iremos al médico a que te dé pastillas, pero, mientras, toma.

Irene sacó de su bolso una caja de preservativos.

—Guárdalos en tu bolso y, sobre todo, ¡utilizadlos!

Esther los guardó y se marchó a su habitación. Con el paso de los días, el deseo entre César y Esther iba creciendo. Hacían el amor casi cada día, en el coche, en el parque, en casa... Cualquier lugar era oportuno para disfrutar de sus cuerpos.

—¿Por qué nunca salimos al cine o a cenar? ¿Por qué siempre nos vemos en lugares solitarios? —preguntó una noche.

—Te quiero para mí solo, no quiero que nadie te mire cuando te miro yo...

—¡Eso son tonterías! Sabes que soy tuya.

—¿Sí? ¿Y qué me dices de ese tal Ismael?

Esther se echó a reír.

—¿Isma? Sí, está muy bueno, es un amigo de Irene, ya lo sabes, pero te amo a ti.

—Ya... Eso se lo dirás a todos.

Esther salió del coche muy enfadada y, dando un portazo, dijo:

—¿Pero quién te crees que eres? O mejor, ¿quién te crees que soy yo?

—¡Esther! ¡Sube al coche!

—¡No! Iré andando, no quiero estar con alguien que cree que soy una cualquiera.

César encendió el motor del coche y, acercándose lentamente a la joven, dijo:

—Me voy, ¿te subes?

—¡No!

César se marchó y durante varias semanas Esther no supo de él. A lo largo de aquellas semanas, la relación de amistad entre Esther e Ismael se hizo más intensa. En la fiesta de los veinte años de Esther, esta bebió bastante, algo más de lo acostumbrado, e Ismael la invitó a unirse a una fiesta privada que hacían unos amigos suyos. A la joven la idea le pareció genial y se marcharon dejando allí a Irene y al resto de invitados. En el camino, Isma paró el coche, sacó una pitillera de su bolsillo y se preparó una raya de cocaína, que esnifó rápidamente.

—¿Quieres? Te sentará bien...

—No, paso de drogas.

—Venga, no seas cría. Esto no es malo, te sentirás distinta y disfrutarás mucho más de todo.

Esther se dejó arrastrar por las palabras de Isma y, sin darse cuenta, el polvo blanco corría ya por su cuerpo.

—¿Qué tal? —preguntó Isma.

Esther se encogió de hombros y dijo:

—No siento nada, solo un picor en la nariz...

Isma se echó a reír y arrancó de nuevo el coche. Subió la música del casete y empezó a tararear las canciones.

—¡Canta, Esther! Divirtámonos.

Esther le siguió y los dos cantaban a gritos con las ventanillas del coche bajadas.

—Siento mi cabeza flotar, Isma —dijo Esther.

Ismael aprovechó un semáforo en rojo para besar a Esther y luego reírse; ella rió también.

Al llegar a casa de sus amigos, Isma presentó a su amiga.

Había tres chicos más bebiendo cerveza y fumando marihuana. En el centro de la mesa habían puesto una cachimba de cristal y la música sonaba en toda la casa. Esther, que estaba bastante mareada y muy contenta por el efecto de la cocaína, empezó a bailar e Ismael se puso a bailar con ella; sus movimientos eran sensuales y cautivadores. Le enseñaron a fumar de la cachimba; Esther aspiró muy fuerte y empezó a toser, Ismael se acercó y dio unos golpecitos en la espalda hasta que dejó de toser. La cogió por detrás, colocando sus manos sobre los pechos de la joven.

—¿Qué haces, Isma? —preguntó entre risas Esther.

—Nada, mujer, tú solo déjate llevar.

Le cogió las manos y bailaron muy suave y muy pegados. Los amigos de Isma se levantaron y empezaron a bailar con la chica. Uno tras otro dejaban sus manos en el cuerpo de Esther mientras le ofrecían tragos de alcohol y diferentes drogas. Ella estaba en un estado totalmente ausente; gozaba con aquellas caricias. El salón estaba decorado con un precioso sofá con *chaise longue*, una mesa de centro alargada y algunos cojines de adorno. Isma la tumbó sobre el sofá y le sacó el jersey que llevaba. Luego se sacó el suyo y dijo:

—¡Ufff! Qué calor hace, ¿no, Esther?

—Sí, estoy muerta de calor. ¡Sacaos las camisetas! —gritó Esther.

Las copas pasaban de mano en mano y fumaban de la cachimba una y otra vez. A ella le habían puesto en su copa una droga llamada burundanga, estaba de moda entre las personas que querían tener sexo en grupo. Uno de los amigos de Esther desabrochó su pantalón y sacó su pene, masturbándose delante de la joven.

—¿Te gusta, eh? —le dijo a Esther, que miraba sonriente—. Menuda putita te has buscado, Isma. Acércate, cariño, mira lo que tengo para ti.

Ismael acercó la cabeza de Esther al pene de su amigo y ella se cogió como un bebé a su chupete. Ismael se echó a reír y empezó a acariciarle el sexo, ella estaba a cuatro patas sobre la mesa de centro y los amigos de Isma le iban metiendo el pene en la boca uno tras otro. Entonces él se situó detrás y frotó su pene varias veces por el sexo de Esther, hasta que lo metió dentro y empezó a moverse despacito. Ella gemía y él, al verla así, agarró su pelo y se la folló con fuerza. La joven empezaba a despejarse y empezó a decir que no, pero detrás de Isma se la follaron dos más mientras el resto la vejaba tocándole los pechos y obligándola a hacer felaciones. De repente, en un descuido, salió corriendo hacia el baño y devolvió. Se encerró dentro y se echó a llorar.

—Qué jodida, pero si te gusta más que a un niño un caramelo. Abre la puerta.

Esther abrió la puerta, recogió la ropa que pudo y se fue dando bandazos de nuevo hasta el cuarto de baño y se lavó la cara y se vistió como pudo.

—¿Estás bien, Esther? —preguntó Isma desde fuera,

riendo.

Cuando salió del baño, Esther cogió su jersey de encima del sofá y se lo puso. Uno de los chicos se acercó y puso su mano entre las piernas de la joven.

—¿No te apetece pasar un buen rato conmigo, nena?

—¡Dejadme! —chilló dándole un empujón—. Ismael, eres un cabrón...

Ismael reía y reía y respondió a Esther agarrándose los testículos y masajeándolos.

—¿Quieres más?

Esther salió de la casa, balanceándose, apoyándose en los coches. La gente al verla cuchicheaba y se apartaba. Cerca había una gran avenida y al llegar a ella vio una parada de taxis.

—¿Está libre? —le preguntó a un taxista.

—¿Y tú? ¿Estás libre? —respondió el hombre.

—¡Cerdo!

Esther siguió andando por la avenida y de pronto, alguien la cogió por el brazo.

—¡Suéltame! —dijo girándose violentamente.

—¿Esther?

—¡Dios mío! Santi.

Esther se echó a llorar y lo abrazó.

—Pero... ¿Qué te ha pasado, chica?

—Vengo de una fiesta privada.

—¿Una fiesta? Pero si parece que vengas de una guerra.

Anda, vamos, que te llevaré a casa.

—Hoy ha sido mi cumpleaños —dijo Esther con la voz temblorosa.

—Lo sé, estaba en tu fiesta, felicidades.

—Me regalas un beso, un beso de padre.

Santi la besó en la mejilla y la metió en el coche. Cuando llegaron a casa de Irene, esta se acercó y ayudó a sentarla en el sofá.

—¿Pero qué ha pasado?

—No lo sé, me dijo que había ido a una fiesta privada... —dijo Santi.

—¿Privada? Pero ¿con quién?

—¿La subo a su habitación?

—Sí, por favor, súbela, ya sabes qué puerta es. Yo enseguida iré, voy a preparar un café —dijo Irene.

Santi cogió a Esther y esta se abrazó a su cuello.

—¿Tú también quieres mi cuerpo? ¿Solo quieres eso de mí?

Santi miró a Esther y la besó de nuevo, a la vez que sus manos acariciaban sus glúteos.

—Sí, me gustaría tenerte, tienes un bonito cuerpo.

—Pues tómame... —dijo Esther guiada por los efectos de la droga y el alcohol.

Santi acostó el cuerpo de la joven sobre la cama y detrás de ellos subía Irene.

—Tómate el café, pequeña —le dijo a Esther.

Santi besó la frente de Esther y se sentó al lado de Irene, sobre la cama. Esther cogió la mano de Santi y llamo a César.

—No soy César, pero por ti soy quién haga falta.

Irene se marchó y los dejó solos.

—Pequeña... No sé qué habrá pasado, pero estás hecha una pena.

—¿Quieres amarme? —susurró la joven.

—Me gustaría, de verdad, pero no lo voy a hacer —dijo Santi.

—¿Y por qué no?

—Otro día quizás, ahora debes descansar.

—Nadie me quiere... Solo buscan mi cuerpo... —dijo Esther.

—Entonces saca partido de ello... Buenas noches, niña.

Santi se marchó cerrando despacio la puerta.

CAPÍTULO IX

Se hizo de día y Esther no daba señales de vida. Irene entró en su habitación y la encontró llorando.

—¿Qué te pasa?

—¿Qué hice ayer, Irene? —preguntó limpiándose las lágrimas.

—Fuiste a una fiesta y te trajo Santi a casa.

—¿Y luego?

—Os quedasteis Santi y tú aquí, tú le dijiste que se quedara...

—¿Seguro? ¿Se lo pedí yo?

—Sí, Esther... —dijo pausadamente—. Y no pasó nada. Descansa, ya preparo yo hoy a los niños.

Se quedó tumbada en la cama, pero le fue imposible dormir más, así que se levantó, bajó a desayunar y luego escogió uno de sus mejores vestidos y se marchó. Cogió el autobús que terminaba cerca del cementerio y hacia allí se dirigió. Se sentó cerca de la lápida de su padre.

—Hola, papá. Sé que hace mucho que no nos veíamos, en realidad, nunca había venido. Lo siento...

Esther dejó resbalar una lágrima por su cara y la secó rápidamente para que nadie la viese llorar.

—Las cosas no han ido como esperaba, papá; han cambiado mucho desde que te fuiste. Mamá... bueno, ya lo sabes, supongo que lo has visto todo desde allí y quizás la tengas ahora cerca de ti. No sé qué tengo que hacer, no sé qué camino coger... Ojalá estuvieras aquí como antes para darme tus consejos.

Se quedó en silencio durante muchos minutos. Luego se levantó, dejó una flor que llevaba en la mano junto a la fotografía y se dirigió hacia la puerta. Allí se paró y, sin poder mirar atrás, siguió adelante. Esther ya no era una niña, sabía que las decisiones que tomase marcarían su camino y eso la aterraba.

Una tarde, César fue a buscarla.

—¡Dichosos los ojos! —dijo Esther—. Pensé que ya te habías olvidado de mí.

—Sabes que eso es imposible... ¿Aún no sabes lo mucho que te quiero?

—Por tus palabras de hace días no lo parece... —replicó la joven.

—Lo siento, no sé en qué estaba pensando, es que quisiera tenerte solo para mí...

César cogió a Esther por la cintura y le susurró:

—Te quiero.

—¡Siempre estamos igual, César! Yo quiero una relación normal, no la quiero a escondidas del mundo.

—La tendremos, te lo prometo. A partir de hoy si quieres

la tendremos —dijo dándole un beso en la mejilla.

Esther espiró y besó a César:

—¿Por qué te querré tanto? —contestó.

Se abrazaron y se besaron con la pasión con que era frecuente en ellos.

—¿Vamos a tu habitación? —preguntó él.

Subieron las escaleras rápidamente y en breves instantes estaban sumergidos en una bella historia de amor. Esther había cambiado mucho en el aspecto sexual y a César le gustaba que ella llevase la iniciativa. Él se daba cuenta de que esa niña que un día conoció se había convertido en una mujer de pies a cabeza.

Iban pasando los días y Esther se sentía feliz. Había conseguido salir varias veces a pasear con él y habían ido al cine y por las noches hacían el amor a diario, aunque él nunca se quedaba a dormir. Cada vez se sentía mejor, parecía que las tormentas pasaban y su vida tomaba un cauce más tranquilo, hasta que un día Esther se sintió indispuesta.

—¿Qué te pasa? —preguntó un día Irene al verla en el baño devolviendo.

—No lo sé, llevo días así...

—¿Llamo al doctor?

—Sí, por favor, llámalo.

El doctor vino a primera hora de la tarde y encontró a la joven dormida.

—¿Qué le pasa? —le preguntó a Irene.

—Suele devolver y dice que se siente extraña.

—Buenas —dijo el doctor despertando a Esther.

—¡Eh! Hola, doctor.

—Cuéntame qué tienes.

—Por las mañanas me levanto con dolor de tripa y todo me hace devolver. Además, tengo muchos mareos y me siento extraña...

—Ya... Bueno, vamos a ver esa garganta.

El doctor la examinó detalladamente y no vio ningún signo de infección, ni tampoco ninguna señal viral.

—¿Cuándo has tenido la última regla?

—Me tenía que haber venido a principios de mes, pero se me retrasa...

Irene miró al doctor, el doctor respondió con la mirada.

—¿Has mantenido relaciones sexuales últimamente sin protección?

—Sí, alguna vez, pero casi siempre con preservativo.

—¿Pero no tomas las pastillas anticonceptivas? —preguntó Irene.

—No, no las tomo, me han dicho que engordan mucho.

Irene se molestó y se marchó de la habitación.

—Pequeña, no quisiera alarmarte, pero es posible que tus molestias sean por embarazo —dijo el doctor—. Vamos a hacerte un análisis de orina para confirmarlo.

—¿Embarazada?

El doctor sacó de su maletín una caja con un botecito y le

dio las instrucciones de cómo hacer la prueba.

—Yo esperaré en el salón con Irene —dijo el doctor.

Esther se levantó, cogió las cosas y se dirigió al baño. No tuvo que esperar demasiado para saber el resultado.

—¡Dios mío! ¿Positivo? —pensó Esther.

Bajó al salón con los ojos entumecidos y no hizo falta que les dijese el resultado de la prueba.

—Mi trabajo ha terminado por el momento, deberás ponerte en contacto con tu ginecólogo, hija —dijo el doctor recogiendo su gabardina.

—Gracias por todo, doctor —dijo Irene mientras le abría la puerta.

Esther se sentó en el sofá y se echó las manos a la cabeza.

—¿Qué hago ahora, Irene? ¿Qué hago? ¡Solo tengo veintitrés años!

—¿De quién es? ¿De César? —preguntó.

—Sí, es de César...

—Lo primero será decírselo, luego ya se verá —dijo Irene abrazando a la chica—. Mira que te lo dije... Te avisé, Esther.

—Lo siento —balbuceó Esther.

Aquel mismo día Irene llevó a Esther a un ginecólogo conocido. Le hicieron unos análisis y corroboraron el resultado de la prueba. Esther pasó la noche en vela, dándole vueltas y más vueltas a cómo decírselo a César. Al día siguiente, cuando él vino a recogerla para salir, esta le dijo que tenían que hablar. Subieron a su habitación y se sentaron sobre la cama.

—He de contarte algo... —dijo Esther.

—Tú dirás —contestó.

—Hace unos días que no me encuentro muy bien.

—¿Ya has ido al médico?

—Sí, he visto al médico.

—¿Y qué te ha dicho? ¿Qué tienes? —preguntó César.

—Me ha dicho que estoy embarazada...

—¿Embarazada?, —dijo César abriendo los ojos como platos—. Pero... ¿Cómo ha podido pasar?

—¿Cómo? Qué pregunta más absurda.

—¡Joder, joder, joder! —exclamó él levantándose de la cama. Empezó a caminar de un lado al otro de la habitación, llevándose las manos a la cabeza y mirando a Esther—. ¿Y qué vas a hacer? —preguntó finalmente.

—¿Cómo que qué voy a hacer? Qué vamos a hacer querrás decir...

—Has de abortar, Esther...

—¿Abortar? ¡No! De eso nada, quiero tener a este bebé.

—Yo no puedo tener otro hijo... —dijo César en voz baja.

Esther se quedó perpleja mirando a César.

—¿Otro? ¿Qué quieres decir con otro?

—Tengo mujer e hijo, Esther... ¡Joder! No lo puedes tener, es totalmente imposible.

Esther se levantó furiosa y alzando la voz le dijo:

—¡No pienso abortar! ¿Mujer e hijo? ¿Estás casado y no

me habías dicho nada? Nunca me hubieses dicho nada, ¿verdad? ¿Pretendías llevar dos vidas? Ahora entiendo todos esos encuentros a escondidas. Eres un maldito cerdo.

—Te quiero, Esther, pero a ella también la quiero y no puedo dejarla...

—¡Cállate! ¡Basta de mentiras! Voy a tener a mi hijo contigo o sin ti. Tú puedes irte con tu mujer... Al fin y al cabo, yo soy la otra, ¿no?

—No digas eso, esto es muy difícil para mí.

—¿Para ti? Siempre tú —exclamó Esther—. ¿Y para mí, qué? ¿Y nuestro hijo?

César se puso a llorar como nunca lo había hecho antes, pero Esther se quedó impasible ante su llanto.

—¡No juegues más con mis sentimientos, César! Deja de llorar de una maldita vez...

—¡Te quiero! Lo hago todo mal, pero no quiero perderte.

—¡Vete! ¡Márchate ya!

Esther se sentía muy confusa en los días posteriores a aquello. Sola, embarazada y engañada por César. Eran demasiadas cosas a la vez y le costó asimilar aquella situación. Por las noches, solía ponerse frente al espejo de la habitación y miraba su tripa. Pensaba en cómo sería y en la vida que tendría aquel pequeño ser que iba a llegar al mundo. Las lágrimas empapaban la almohada noche tras noche; ya no sonreía, iba dejada, ya no se arreglaba ni se maquillaba; no llevaba a los niños a lugares alegres como el parque o el cine; estaba alejada incluso de Irene, a la que de cierta manera culpaba de todo aquello.

Dos meses más tarde, Esther retomó su vida aceptando su futura maternidad y su situación de madre soltera. Aun así, a medida que el embarazo avanzaba, su carácter cambiaba y hacía cosas que antes nunca hubiera hecho: salía de noche y volvía a casa ebria, tomaba cualquier tipo de droga que le ofrecían, no cuidaba su imagen.

Al séptimo mes de embarazo surgieron algunas complicaciones; tuvo que ser ingresada de urgencia y provocaron el parto. Irene estuvo con ella todo el tiempo. De día iba a casa a ducharse, cambiarse de ropa, y volvía de nuevo a su lado. Esther perdió mucha sangre; por un momento se temió por su vida, pero era una chica fuerte y eso la ayudó. La bebé, en cambio, era muy pequeña: el abuso de alguna droga y del alcohol habían retrasado su crecimiento; apenas pesaba dos kilos y tuvo que pasar unos días en la incubadora.

Cuando Esther se recuperó, la dejaron ir a la sala donde estaba su hija. Hacía tres días que había nacido y aún no sabía cómo era su carita. Al verla, le dijo a Irene:

—Qué bonita es. Tiene una piel blanca como la nieve: la llamaré Clara.

—Un nombre muy bonito, me gusta.

Esther miró a Irene y sonrió. Luego observó que César se acercaba por el pasillo.

—¿Qué haces tú aquí? —preguntó muy molesta por su presencia.

—He venido a ver a mi hija.

—Ahora ya la has visto. ¡Lárgate de aquí!

—Esther, te necesito, desde que no te veo estoy vacío y solo.

—¡No, César! Todo ha terminado entre tú y yo.

—No digas eso, este bebé forma parte de los dos.

—Lo sé, por desgracia me acordaré de ti cada vez que la mire, pero eso será todo, un vano recuerdo que se irá borrando con el tiempo. Vive tu vida, yo viviré la mía.

Esther estaba recuperada y le dieron el alta médica. Su hija aún estuvo unos días más en el hospital. Cuando al fin salió, tenía treinta y cinco días e Irene invitó a su casa a sus amistades para que conocieran a la pequeña. Hubo una bonita fiesta en la que Clara, como no podía ser de otra manera, fue el centro de atención. Todo estaba lleno de globos rosas y unas bonitas letras hechas por Diego y Cristina que decían «Bienvenida a casa». Todos preguntaban los detalles del parto, por la salud de la niña, por el futuro. Santi pasó buen rato al lado de la camita de Clara observando cómo dormía.

—¿Qué haces aquí tan solo? —le preguntó Irene.

—La miro. Fíjate cómo se refleja la paz en su carita, no tiene ni idea al mundo que ha venido.

—Ya... —contestó Irene—. Pero déjala, ya lo irá

descubriendo poco a poco.

—¿Igual que su madre? —preguntó Santi.

—Déjate de psicoanálisis conmigo, Santi. Su madre es mayorcita, sabe bien lo que hace...

—Llegó siendo una criatura débil e indecisa, la criaste como una hija, pero no le das las mismas oportunidades que a Cris; ella es otro de tus «proyectos».

—Te he dicho que no me psicoanalices, no eres quién.

—Tus hijos ya son mayores, ¿cuándo empezarás a sacarle partido? —le dijo a Irene levantándose y dejándola con desplante.

CAPÍTULO X

Al día siguiente de la presentación de Clara, Irene llamo a Esther al salón.

—Esther, creo que ha llegado el momento de que mis hijos hagan las cosas solos, ya tienen edad, así que se terminó tu etapa de canguro.

—Pero Irene ¿y de qué viviré? —preguntó Esther.

—No te preocupes ahora por eso. Tú sé una buena madre, yo me encargaré del resto.

Al principio, Esther estaba muy contenta con la presencia de la bebé, pero era una niña bastante llorona, algo que sacaba a su madre de sus casillas. Muchas veces lloraba durante horas y tenía que acudir Julia a socorrerla porque su madre se había dormido vencida por el cansancio. La alimentación materna no la saciaba y tuvieron que empezar a darle biberones.

Esther había caído en depresión y, para mantenerse, tomaba cocaína. Irene le había dicho muchas veces que ese no era el camino, que era un camino peligroso, pero la joven empezó a estar cada vez más fuera de casa; dejaba a su hija a cargo de Julia.

Así fueron pasando los meses. Esther había conocido a un

grupo de gente que la arrastraba cada vez más al infierno de la droga y esta no se daba cuenta. Una tarde le pidió dinero a Irene y le dijo que no.

—¿Por qué no? Necesito algo de dinero para mis gastos.

—Trabaja y tendrás dinero. Yo no te voy a dar más del mío para que arruines tu vida.

—¿Mi vida? ¿Qué vida? Pues conseguiré dinero de cualquier otra manera...

—Eso es cosa tuya —contestó Irene.

Esther salió dando un portazo. Su cuerpo le pedía droga y ella no podía comprarla, así que fue a su camello y le pidió prestado un gramo de cocaína.

—¿Préstamo? De eso nada, chica. La mercancía se paga al momento, no soy tu banco y no sois de confianza. ¿Dónde se iría mi negocio si os fío a todos?

—Por favor, la necesito y no tengo con qué pagártela. Mañana te traeré el dinero sin falta.

—Puedes pagarme de otra manera, encanto —le dijo tocándole los pechos.

—Eres un cerdo…

—Lo tomas o lo dejas.

—De acuerdo, tú ganas…

El hombre cogió de la mano a Esther y la llevó a una pensión a la que solía llevar a sus fulanas. Esther se desnudó y dejó que aquel hombre hiciera lo que quisiera con ella. Una vez terminó, le dio una papelina de cocaína. Esther se vistió sentada en el sofá y allí mismo esnifó la droga, reposo la espalda y miró a su camello.

—Este es el precio que hay que pagar si no hay dinero.

Aquella situación se repitió muchas veces. Cuando no tenía dinero, buscaba a cualquier camello y ofrecía su cuerpo como pago de la mercancía.

Habían llegado hasta los oídos de Santi todos los problemas que su querida niña estaba teniendo y decidió hacerle una visita. Una mañana fue a verla a casa de Irene. Todavía estaba en la cama y él subió a su habitación directamente.

—¿Cómo estás?

—Bien, ¿cómo habría de estar? —respondió agresivamente Esther levantándose y cogiendo su bata.

Santi se sentó en la cama.

—Me han dicho que tienes algún problemilla con la droga. ¿Es cierto?

—¿Y a ti qué coño te importa? —dijo molesta.

—En realidad me da igual, es tu vida, pero has de pensar en tu hija.

—Mi niña está bien con Irene, no le falta de nada...

—¡Tú eres su madre, no Irene! Mira, solo quería decirte que si tomas drogas, lo hagas con cuidado, te puedes arruinar la vida con ellas —dijo Santi—. Si quieres, podemos ayudarte.

—¿Quién? —preguntó Esther.

—Habla con Irene, ella puede darte trabajo.

—Está bien, hablaré con ella —dijo Esther dejando a Santi con la palabra en la boca y abriendo la puerta de su habitación para que se marchara.

Esther bajó a la cocina a desayunar. Estaba sola como siempre desde hacía algún tiempo. Julia, Maribel y Andrea no le dirigían la palabra y evitaban estar con ella. Se preparó un vaso de leche y se fue a buscar a Irene.

—Irene, necesito trabajo. Me ha dicho Santi que tú podrías ofrecerme algo.

—Así es, Esther. Para mí trabajan varias chicas, ganan mucho dinero, pero lo primero que has de hacer es dejar a la gente con la que te mueves.

—Necesito dinero... Los dejaré si hace falta.

—Será un duro trabajo: volverás a cuidarte, vigilarás qué ropa te pones e irás aseada y bien peinada cuando trabajes para mí. Yo no quiero mujeres vulgares, quiero señoras bonitas por dentro y por fuera.

Esther aceptó las condiciones que le ponía Irene y preguntó:

—¿En qué consiste el empleo?

—Serás dama de compañía de hombres influyentes; habrás de ser discreta y cariñosa con ellos.

—O sea... ¿Puta de lujo?

—Llámalo como quieras, yo prefiero no denominarlo así, suena grotesco y vulgar.

Esther se quedó algo perpleja, había estado viviendo con Irene todos aquellos años y nunca se había dado cuenta de que era una prostituta. Ingrid, aquella mulata, y todas las mujeres esbeltas amigas de Irene... En realidad, todas eran chicas de compañía trabajando para ella... ¿Cómo podía haber estado tan ciega? La discreción era tan importante para Irene como cualquier otra cosa en casa. Esther no se había planteado nunca ejercer ese oficio, pero si se paraba a pensar fríamente, eso era exactamente lo que llevaba haciendo los últimos meses, aunque no a cambio de dinero precisamente, sino de la droga que su camello le proporcionaba.

—Está bien, acepto. ¿Cuándo empezaré?

—Pronto, tengo servicios a diario. Ve a la peluquería a que te arreglen ese pelo —dijo Irene sacando un fajo de billetes del monedero.

Cuando subía las escaleras se encontró con Santi.

—¿Tú eres un cliente también? —preguntó.

—No, yo no soy un cliente, yo soy un amigo.

Al día siguiente, Irene le ofreció ir a su primer servicio, pero Esther dijo no estar preparada todavía. Aunque había aceptado aquella manera de vida, no había asimilado la necesidad de vender su cuerpo para poder sobrevivir decentemente. Irene aceptó que a Esther le costase dar aquel primer paso, pero le aconsejó que no se lo pensara tanto y se lanzara al vacío.

Pasó una semana e Irene le dijo:

—Tengo un buen cliente esperándote, te conoce desde tu dieciocho cumpleaños y está ansioso por estar contigo.

— De acuerdo, Irene, iré —dijo algo dudosa—. Llevo una semana pensando en ello, me he controlado con el consumo de cocaína y me siento fuerte para empezar.

—Acuérdate de todo lo que te dije, Esther —dijo.

—No te preocupes.

Pedro acercó a Esther a la dirección que Irene le había indicado. Allí encontró a un hombre mayor, muy apuesto y agradable. La llevó a cenar a uno de los restaurantes más famosos y caros de la ciudad. Tenía una agradable conversación y la trataba como a una señora. Cuando terminaron, el hombre la llevó a un hotel lujoso y allí le pidió sexo. Ella sabía perfectamente que la noche terminaría así y fue dulce y cariñosa con aquel hombre. A media noche, el hombre se levantó y le dijo:

—No te levantes, sigue durmiendo.

Le besó la mejilla y dejó doscientos euros sobre la mesilla de noche.

—Gracias. Espero volver a verte pronto —susurró el hombre antes de irse.

Por la mañana, Esther llamó a Pedro para que fuese a recogerla. Mientras esperaba, se bañó en un estupendo *jacuzzi* que tenía la habitación. Nunca había experimentado nada igual.

—¿Qué tal ha ido? —preguntó Irene cuando llegó.

—Creo que fue muy bien, fui cariñosa con él, como tú dijiste...

—¿Te pagó?

—Sí, me pagó —contestó Esther.

—Dame mi comisión entonces... —dijo Irene poniendo la palma de su mano frente a la joven.

—¿Comisión? No me dijiste nada de eso...

—¿No creerás que yo vivo del aire? La comisión son cincuenta euros de cada servicio. Cuantos más hagas, mejor para las dos.

Esther dio el dinero que Irene le pedía y se marchó.

La noticia de que Esther había entrado en el juego corrió como la espuma y los clientes pedían cada vez más sus servicios. Una noche acudió a uno de ellos y se encontró con Santi.

—¿Tú? ¿No me dijiste que no eras un cliente?

—Y no lo soy, pero últimamente eres muy difícil de ver...

Santi la llevó a cenar a un restaurante íntimo y pequeño. Le contó que se había separado de su esposa y que se había comprado una casa cercana a la de Irene. La conversación duró toda la cena y, al terminar, Esther preguntó:

—¿Vas a querer hacer el amor conmigo?

—No, cielo, yo solo busco tu compañía, tu cariño, pero no busco sexo.

—Pero habrás de pagarme el servicio de todas maneras...

—¿Eso es lo que te preocupa? —preguntó Santi.

—Solo en parte, ya que Irene me pedirá su parte hagamos o no hagamos el amor.

—De eso quería hablarte... Esther, ¿cuántos años hace que nos conocemos? ¿Seis? ¿Ocho? Aún te recuerdo bajando la escalera con aquel vestido negro y el pelo recogido con un moño espectacular.

Ella sonrió y bajó la mirada.

—Creo que ocho, aquel día cumplía los dieciocho, ahora tengo veintiséis —dijo ella con una sonrisa.

—¿Por qué no vienes a trabajar para mí? —dijo Santi—. Ven a vivir a mi casa, tendrás todo lo que necesites y tu hija también... Tengo muy buenos clientes y pagarán mucho dinero por estar contigo.

—¿Dejar a Irene? —contestó Esther—. No sé... es una decisión difícil. Ha hecho muchas cosas por mí en estos años.

—Piénsalo.

—Sí, lo pensaré.

Santi acercó a Esther a su casa y le repitió:

—Piénsalo, ¿vale?

Esther asistió con la cabeza y se marchó.

Clara cumplió un año y le organizaron una gran fiesta. Era una niña graciosa y cariñosa que solía irse en brazos de cualquier desconocido, cosa que gustaba mucho a las amigas de Irene, que no la dejaba un momento a solas. Clara fue el centro de atención. Esther se despreocupó de la niña y se dedicó a hacer relaciones sociales entre los invitados.

Muchos de ellos eran clientes con los que ya había tenido relaciones sexuales, pero con todo y así, su comportamiento era totalmente correcto y discreto. En aquella fiesta se encontró de nuevo con Ismael.

—¡Cuánto tiempo, Esther!

—Hola, Isma —dijo ella.

—¿Aún estás enfadada conmigo?

—No... Realmente no estoy enfadada, sencillamente paso de ti —respondió dejándolo con la palabra en la boca.

Isma fue tras ella y la cogió fuertemente del brazo.

—Me han dicho que eres una auténtica máquina en la cama. ¿Es cierto?

—Eso no te lo puedo responder yo, pregunta por ahí, y ¡suéltame!

—Quizás algún día solicite tus servicios... —dijo Isma burlándose.

—Tú sabrás lo que haces. Adiós.

Esther se unió a un grupo de personas que dialogaban tranquilamente en la sala. Entre aquellas personas se encontraban Alberto y Santi. Con Alberto se había acostado varias veces. Vio en el gesto de su cara que se sentía incómodo con su presencia y educadamente se marchó. Al verla alejarse, Santi se marchó detrás de ella.

—¡Esther! ¿Has pensado en lo que te dije?

—Sí, me iré contigo, pero has de darme tiempo para hacerlo bien...

—Esperaré, pero no eternamente —dijo Santi.

La fiesta terminó más temprano que otras veces. Julia se encargó de Clara y Esther se quedó con Irene e Ingrid en el salón.

—Irene, quería hablar contigo... —dijo Esther.

—¿Qué pasa? ¿Te ocurre algo?

—No, no es nada malo... Ingrid, ¿te molesta dejarnos solas?

Ingrid se despidió de las mujeres y se marchó.

—Quería decirte que todo este tiempo me has cuidado y protegido. Que te doy las gracias por ello, pero...

—¿Pero? ¡Dilo ya, niña!

—Me voy a ir a vivir con Santi —dijo Esther.

—¿Con Santi? ¡No! Esther, no hagas eso.

—¡Siempre me has estado diciendo qué debo y no debo hacer, estoy harta! ¿Tanto te cuesta aceptar que tome mis propias decisiones? ¿O es porque no te llevarás mi comisión?

—No, Esther, no es eso, pero Santi es un hombre oscuro, tiene negocios que nadie sabe de dónde salen. Nadie sabe de él, de su historia familiar, de su esposa... ¿Le has preguntado quién rompió la relación? ¿Te ha contado algo de su esposa? Santi no es como tú imaginas, tiene dos caras.

—Yo no imagino nada, solo sé que Santi me aprecia igual que tú o más y quiero vivir a su lado.

—Él te habrá dicho lo mucho que te quiere, lo que puede hacer por ti, que te dará todo lo que necesites en la vida...

Pero ¿tú le amas? —preguntó Irene cogiéndole las manos.

—¿Y tú fuiste la que un día me dijo que Santi era un gran hombre? —añadió soltándose rápidamente.

—¡Entonces no sabía nada de lo que sé ahora, Esther!

—¿Le amas? —preguntó Esther—. Porque me da la impresión de que el problema radica en que tú estás enamorada de Santi y te da rabia que me haya escogido a mí... —dijo furiosa Esther.

—¡Claro que no! Esther, piensa bien lo que vas a hacer. Si te vas, ya no habrá sitio en mi casa para ti ni para tu hija.

—¿Me estás amenazando? ¡Esto sí que no lo esperaba!

—Tómalo como quieras, no era mi intención que fuese una amenaza, pero las cosas son como son y tú has de saber hacia dónde quieres dirigir tu vida. Es lo que hay.

Esther salió como un rayo hacia su habitación y se cruzó con Julia en la escalera.

—Ten cuidado, mujer, que me vas a tirar escaleras abajo. ¿Pero qué pasa?

—¡Nada! —contestó la chica.

Por la mañana, Esther recogió sus cosas y llamó a Santi para que fuese a recogerla. Este tardó pocos minutos en llegar. Cargaron las maletas en el coche e Irene se despidió de Clara con un beso. Miró a Esther y no se dijeron nada; con sus miradas ya se lo habían dicho todo... Julia la abrazó con mimo y besó a la pequeña. Esther cerró la puerta tras ella y tomó aire.

—¿Estás segura? —dijo Santi.

—Sí... Vamos.

Santi había preparado una habitación para ella y otra para la niña.

—¿Dormiremos separados? —preguntó extrañada.

—Eso lo dejo a tu elección, aceptaré lo que decidas —dijo Santi muy rotundo.

—Me parece bien —respondió Esther dejando su bolsa sobre la cama de matrimonio.

El primer año fue estupendo. Santi le conseguía clientes con mucho poder social, sus encuentros le proporcionaban entre cuatrocientos y seiscientos euros, y Santi nunca le había pedido nada. Aunque solía estar durante días fuera de casa por cuestiones laborales, cuando estaba con ellas, se comportaban como un padre atento y cariñoso. A Esther la llevaba a cenas en restaurantes lujosos, llenos de personas interesantes; a teatros donde se representaban bellas obras de amor y ballets que te ponían la carne de gallina; a exposiciones de pintura y escultura que Esther no entendía, pero con las que quedaba impresionada solo con verlo. Le enseñó muchísimas cosas que Esther desconocía del mundo. Muchas veces se sentaban mirando un atlas y le hablaba de otros países, de sus costumbres, sus monumentos, su gente. Esther esperaba ansiosa todas aquellas tardes y poco a poco, pese a la diferencia de edad, se enamoró de Santi.

Esther había vuelto a tomar drogas en alguna ocasión. Era

algo que molestaba bastante a Santi, pero que a la vez hacía que esta fuese más vulnerable, cosa que facilitaba sus verdaderas intenciones. Una tarde, Santi volvió de viaje más temprano de lo habitual y no encontró a Esther en casa. Cuando esta volvió, lo encontró sentado en el sofá. Estaba muy serio, pero no hizo demasiado caso.

—¿De dónde vienes? —preguntó.

—Del parque con la niña. Hemos estado con otras mamás, te encantarían, son gente maravillosa con la que me río mucho...

Santi se levantó y abofeteó fuertemente a Esther. Esta no supo cómo reaccionar; se lo quedó mirando y calló.

—¡Te quiero en casa! ¿Me has entendido? Solo saldrás con mi permiso...

—Pero Santi...

Santi agarró del pelo a Esther y repitió:

—¿Me has entendido? ¿O tendré que repetírtelo?

Esther movió la cabeza de lado a lado sin gesticular palabra, con los ojos saltones y la cara pálida. Santi la soltó y, sentándose en el sofá, le dijo:

—Vete a hacer la cena.

Esther cogió a Clara, que estaba sentada a su lado, y se marcharon a la cocina. Cenaron en silencio. Esther mostraba un pequeño corte en el labio inferior y Santi se acercó para verlo.

—Lo siento, no quería hacerte daño...

Esther estaba algo asustada, pero intentó entender a Santi y lo abrazó cariñosamente. Nunca se había encontrado en una situación así y no entendía el porqué de aquella reacción tan repentina.

—He tenido problemas con la empresa, los negocios no están yendo bien, las facturas se agolpan y mis ingresos son menores cada vez. Necesito algo de dinero. ¿Me puedes dejar algo? —dijo Santi.

—Sí, tengo algo recogido, lo guardaba para la educación de Clara.

—Mañana iremos al banco y lo sacaremos, ¿de acuerdo?

Esther recogió la mesa y se acostó. Por primera vez desde que vivía allí, cerró su puerta con pestillo y acostó a la niña en su cama.

Esther tenía recogidos unos cinco mil euros y Santi le pidió la cantidad completa. Le dio su palabra de devolvérselos en cuanto la empresa se recuperase, pero aquello nunca sucedió. Al poco tiempo, Santi entró en bancarrota, su empresa desapareció y su carácter se enturbió. Cualquier cosa que hacía Esther le molestaba. Los gritos y los golpes eran continuos, los clientes cada vez eran menos y el dinero empezaba a escasear, ya que Santi no bajaba su ritmo de vida y malgastaba todo el dinero que ella ganaba.

Esther empezó a conseguir clientes por su cuenta, de un nivel social medio. Los ingresos eran menos, pero era la única manera de sobrevivir e ir recogiendo algo de dinero.

Solía citarse en su misma casa cuando la pequeña Clara estaba en la guardería, y en un mismo día podía verse con cuatro o cinco hombres distintos. Aquellos hombres eran muy diferentes, ella estaba acostumbrada a los hombres que la consideraban una señora y que la trataban como tal, con mimo y cuidado, nunca solían ofenderla ni con su trato ni sus palabras. Pero estos la trataban de malas maneras; ya no había hoteles ni restaurantes, para ellos era tan solo una puta más. Aunque ella lo que más temía era la llegada de Santi. Este había perdido todo el encanto que había enamorado a Esther. Cuando llegaba a casa descargaba su frustración sobre la joven. El simple hecho de encontrar un vaso sobre la mesa era para él un motivo de discusión y si ella intentaba justificarse, provocaba la violencia que descargaba sobre ella sin piedad. Si había tenido éxito y el día había sido fructífero, llegaba con sonrisas y halagos. Era una situación que desbordaba la paciencia y los nervios de la Esther.

Una tarde llegó a casa con unos hombres que llevaban un maletín lleno de bolsas de polvo blanco; sin duda era cocaína, Esther la conocía demasiado bien para no darse cuenta de ello.

—¿Qué coño haces con esto aquí? —dijo Esther muy enfadada.

Santi la calló con un puñetazo en el estómago y dijo:

—¡Vete a tu habitación, puta!

Esther cogió su abrigo y se marchó corriendo. Santi salió

detrás de ella, pero no pudo alcanzarla. Recogió a la pequeña Clara en la guardería y se sentó en un parque. No sabía qué hacer ni dónde ir; sus puertas se habían ido cerrando y su vida volvía a ser un infierno. Finalmente, decidió ir a casa de Irene. Julia abrió la puerta y, al verla, se sorprendió.

—¿Qué haces aquí, chica? ¿Qué te ha pasado?

Irene se acercó a la puerta y antes de que pudiera entrar, le dijo:

—Esta ya no es tu casa, te avisé. Lo siento pero debes marcharte, aquí no quiero personas como tú.

Y cerró la puerta. Estaba anocheciendo y regresó a su casa. Santi, al verla entrar, cogió a Clara por el brazo y la llevó a su habitación, cerró la puerta y se dirigió a Esther. Esta estaba en el salón, encogida sobre el sofá.

—¿Quién te dio permiso para irte? —chilló.

Santi levantó a la chica del sofá tirando de su pelo, luego golpeó brutalmente su rostro con la rodilla y la tiró al suelo.

—¡Te había dicho que fueses a tu habitación! ¡Me has dejado en ridículo delante de mis amigos! Esto lo pagarás caro.

Santi cogió el bolso de Esther y le quitó todo el dinero que llevaba.

—¡Esto es mío! ¡Tú eres mía! No te olvides de esto.

Santi cerró la puerta con llave y dejó a la chica en el suelo, sangrando por la nariz. Clara, con sus tres añitos, estuvo viendo toda la escena. Se acercó a su madre y la abrazó.

—No pasa nada, cariño. Santi está un poco enfadado con mami, pero se le pasará pronto, vamos a cenar.

Los días transcurrían y Santi se volvía cada vez más agresivo. Detrás de cada paliza llegaba una disculpa. Solía decir que los negocios no iban bien, pero ella sabía que sus negocios estaban relacionados con las drogas y eso la tenía aterrada. Por las noches, Esther solía acostar a su hija en su habitación, luego cogía una botella y unos gramos de cocaína y se colocaba; pensaba que así los golpes le dolerían menos, y por las mañanas disimulaba las marcas debajo del maquillaje.

Los años fueron pasando y Esther cada vez se rebajaba más. A sus treinta y cuatro años se había convertido en una prostituta más. Solía trabajar en la calle, parando a los coches y escondiéndose en descampados. Santi, delante de la niña, la trataba con cariño, pero en cuanto estaban a solas le pegaba y le robaba todo el dinero que ganaba.

Clara tenía ya diez años y su vida transcurría como la de una niña normal, pese a la situación que la rodeaba. Le gustaba mucho jugar al baloncesto con sus amigos y era una buena estudiante. Hacía mucho tiempo que no había vuelto a ver a Santi enfadado con su madre y se sentía feliz y contenta.

Una mañana apareció César en su casa.

—¿Tú? ¿Qué haces aquí? —dijo Esther.

—Eso digo yo... Me dieron esta dirección.

—¿Buscas a una prostituta? —preguntó Esther.

—Sí, eso pensé. ¿Vives aquí?

César estaba mucho más delgado que antes; su aspecto estaba muy desmejorado y llevaba el pelo largo y descuidado.

—Yo soy la persona que buscas —dijo Esther—. Cobro sesenta euros por el servicio.

—¡Pero qué dices! ¿Me vas a cobrar?

Esther se lo quedó mirando fijamente y lo dejó entrar.

—¿Crees que me follo a cualquiera por placer? Nada de eso, las cosas han cambiado mucho, este en mi trabajo. Si me quieres tener, tendrás que pagar como cualquiera.

César se hizo mil preguntas. ¿Cómo podía ser que una mujer como ella hubiese terminado allí? Hicieron el amor y luego le dio el dinero.

—Me gustaría ver a mi hija... —dijo antes de irse—. ¿Cómo está?

—Tú no tienes ninguna hija, César. Renunciaste a ella cuando me dijiste que abortara. Vete antes de que vuelva Santi.

En los días sucesivos, César la visitaba a diario. Pagaba religiosamente y hacían el amor. Esther cada vez se mostraba más cariñosa y atenta, su frialdad del primer día se iba desvaneciendo.

—¿Cuándo podré ver a la niña?

—¡Nunca! No seas pesado, ya tienes otro hijo, ¿recuerdas?

—Ya no estoy con ellos, me abandonaron.

Esther no se inmutó con aquella noticia y eso enfureció a César.

—¿Te da igual? ¿Ya no me quieres?

—¡No! Dejé de quererte el día que me fallaste.

César se dejó llevar por su ira y le levantó la mano a Esther para pegarle. Ella le agarró el brazo y le dijo con una seriedad pasmosa:

—No se te ocurra pegarme, y no vuelvas por aquí.

César se marchó cerrando violentamente la puerta y Esther se sentó sobre la cama. Le temblaban las piernas, no entendía de dónde había sacado las fuerzas para hacerle frente, pero se alegraba de ello.

Como cada día, Santi apareció para pedirle el dinero y esta le dijo que no, que ya no le daría más. Santi, al escuchar aquellas palabras, se abalanzó sobre la chica y la golpeó hasta dejarla inconsciente. Luego cogió el dinero y la dejó tirada en el suelo. Cuando se recuperó estaba muy débil y llamó a una ambulancia. La sangre corría por su cara y no sentía sus piernas. En el hospital fue atendida rápidamente y se presentó una patrulla de la policía local para hacer un informe de lo ocurrido, pero Esther dijo que se había caído por las escaleras. Todos sabían que no era cierto: eran conocidos los síntomas de los malos tratos, pero sin una denuncia por su parte no podían ayudarla.

Regresó a casa aquella misma noche y encontró a Clara

cenando. Al verla se acercaron los dos a su madre. Santi la abrazó cariñosamente.

—¿Cómo estás?

—¿Qué te ha pasado, mami? —preguntó Clara.

—Me caí por las escaleras, cariño... —dijo mirando fijamente a Santi.

Las cosas no mejoraban. Por un lado, estaba Santi; le tenía muchísimo miedo al no saber nunca cómo iba a reaccionar; y también estaba César, que la seguía constantemente drogado hasta las pestañas y muchas veces había tenido que ser custodiada por sus compañeras hasta su casa.

Una noche, cuando ya regresaba a casa por una de las calles oscuras de detrás de la catedral, vio como César la seguía. Aceleró el paso y cuando ya estaba a punto de entrar al entrar al portal, César la cogió por los brazos y le dijo:

—Piensa bien lo que estás haciendo. O me dejas ver a la niña o te arruinaré la vida. Es tan hija tuya como mía, te guste o no.

Esther le dio una patada en la entrepierna y subió rápidamente las escaleras. Al llegar, Santi le preguntó el motivo de tanta urgencia y esta le contó lo que estaba sucediendo. Santi salió a la calle, pero ya no encontró a César por ninguna parte.

—No tengas miedo, no dejaré que te haga daño —dijo Santi cuando subió de nuevo.

Hacía tiempo que no veía a Santi tan dispuesto a tener una

atención hacia ella y aprovechó el momento para contarle algo que hacía tiempo rondaba por su cabeza.

—Santi, he pensado que sería bueno llevar a la niña a un colegio interno el año que viene. De lunes a viernes estaría allí y vendría los fines de semana. Así podríamos estar más tranquilos y yo tendría más trabajo...

—Me parece bien, pero ¿ya tienes dinero para eso?

—Hay ayudas y becas que se pueden pedir; me informaré.

—Es muy buena idea... ¿Seguro que ha sido tuya? —dijo riéndose—. Con lo inútil que eres… Pero tú busca que yo no tenga que poner un euro.

A partir de aquella noche para Esther ya no existía nada más que conseguir que su hija se alejara de aquel mundillo que las rodeaba. Esther buscó ayuda en los servicios sociales de la zona y se informó sobre los trámites que debían seguir. Lo preparó todo para que Clara tuviera una educación sana.

CAPITULO XI

Pasó el verano y, al empezar el nuevo curso, Esther matriculó a Clara en un colegio de las afueras de Barcelona. Aunque le dolía separarse de su hija, era necesario para sus propósitos.

—Bueno, cariño, ya verás qué bien estarás aquí. Harás muchas amiguitas y nos veremos el viernes por la tarde.

Le dio un beso y Clara subió al autobús del colegio. La primera semana fue algo dura; hizo una limpieza profunda de toda la casa y preparó su habitación para recuperar su actividad. Santi estaba tranquilo, parecía que tenía algunos negocios que lo mantenían ocupado y no prestaba atención a lo que Esther hacía. Para ella era un alivio, aunque eso no borraba el miedo que ella sentía al saber que cualquier día abriría la puerta y en su rostro se reflejaría de nuevo la cara de la violencia.

Aquel fin de semana Clara regresó alegre y feliz. Le contó las aventuras que tenía en aquella escuela. Le explicaba que por las noches hacía guerras de almohadas con las compañeras de habitación y que una noche las descubrieron y les pusieron un extenso castigo. Se la veía emocionada y eso hacía feliz a su madre.

Ella empezó a recibir de nuevo a los clientes, incluso se daba el derecho a elegir el tipo de hombre al que atendía. Así pasaron varias semanas, hasta que una noche de martes Santi llegó a casa muy drogado y la asaltó mientras ella dormía. La tiró al suelo y le dio patadas. Esther se escondió debajo de la cama pero él tiró de su cabello y la sacó, la llevó a empujones a la cocina y la obligó a prepararle algo que llevar a la boca. Luego la golpeó de nuevo como castigo por no haber tenido hecha la cena para él.

Esa fue la gota que colmó el vaso para Esther; estaba decidida a abandonar a Santi, pero tenía que esperar el momento oportuno. Un par de semanas más tarde, preparó sus cosas y se marchó aprovechando la ausencia de Santi. Esther se escondió en casa de una compañera de profesión durante tres días, pero Santi la encontró y la hizo volver de nuevo a casa con excusas y arrepentimientos. Estaba claro que debía pensar mejor y rápido si no quería que Santi terminara con su vida en cualquiera de esas palizas.

Se acercaban las navidades y Clara había hecho mucha amistad con una de sus compañeras de clase. Un viernes, al regresar a casa, la niña le contó a su madre que aquella amiga la había invitado a pasar las navidades con ellos en una casa enorme que tenían en la sierra.

—¡Claro que puedes ir, cariño! —dijo alegre.

—¿Pero no me echarás de menos, mami?

—Por supuesto, pero no se tiene cada día la oportunidad

de viajar a la sierra en Navidad y además estarás con gente buena que te quiere y lo pasarás muy bien con tu amiguita.

Llegó el lunes por la mañana y Esther llevó a su hija al autobús, luego llamó por teléfono a los padres de la niña y habló con ellos para concretar la visita. Clara pasaría con ellos todas aquellas fiestas. Eran suficientes días para que Esther organizase bien su huida.

Aquella misma noche cogió sus cosas y salió sin mirar atrás con la idea de no volver nunca a ese lugar. No tenía un rumbo fijo y no había hablado con nadie sobre sus intenciones. Se subió a un tren que la llevó hasta la provincia de Gerona; allí no conocía a nadie, pero eso no había preocupado nunca a Esther. Cerca de la estación había una Iglesia y allí pasó la noche. Cerca de allí dormían algunos indigentes tapados con cajas y mantas viejas y se calentaban bebiendo vino barato. Iba entrando la noche y Esther se estaba quedando helada, se tapaba con una chaqueta de lana, pero era insuficiente para aquellas fechas. Se acercó a aquellos hombres y les pidió cobijo, pero los hombres la echaron bruscamente: para ellos la calle era como su casa, y aquella zona era su habitación, no había cabida para nadie más. Esther buscó un refugio algo más caliente y se acercó a unos contenedores de cartón; se acurrucó entre ellos y allí se quedó dormida.

Por la mañana el ruido del camión de la basura la despertó. Los basureros la miraron con cara de pena, ella cogió sus cosas y empezó a andar. Entró en un bar y tomó un café con leche caliente y un bollo. Luego, con el poco dinero que tenía ahorrado, alquiló una habitación de un hostal. Los ahorros solo le daban para estar allí cinco noches; tenía que moverse rápido y conseguir un lugar donde ejercer y clientela. El hostal estaba en el mismo barrio donde habitualmente se ponían las prostitutas y aquella noche salió a la calle en busca de trabajo. Se colocó cerca de un bingo cercano y esperó. Pasaba mucha gente que la miraba de reojo, algunos la silbaban desde los coches, pero no había éxito. De repente, alguien la empujó por la espalda.

—¿Se puede saber qué haces aquí? —preguntó una mujer airosamente.

—¿Y a ti qué te importa?

—Me importa porque este es mi sitio. Tú búscate un lugar para ti.

Detrás de aquella chica había otras mujeres que la miraban fijamente. Esther se marchó calle abajo y un hombre se paró con su coche cerca de ella.

—¿Cuánto?

—Sesenta euros —respondió ella.

—Te doy cuarenta. Si quieres...

Esther aceptó, no tenía otro remedio si quería seguir adelante. El hombre la llevó a un descampado y le pidió que le hiciera una felación. Cuando terminó, el hombre sacó una navaja y la obligó a darle todo el dinero; luego la dejó sola en mitad de aquel lugar. Esther se sentó en mitad de la nada y se echó a llorar. Se quedó allí en silencio, mirando el cielo que se mostraba gris y sin estrellas. No sabía ni tan siquiera dónde estaba y había perdido gran parte de su dinero. Empezó a andar y llegó a un barrio bastante solitario. A lo lejos observó a un grupo de gente que andaba dando tumbos de un lado al otro, trató de no acercarse demasiado, pero aquella gente la vio y la llamaron. Esther se acercó prudentemente. Los jóvenes iban algo bebidos y le ofrecieron una botella para que bebiera con ellos. Bailaban constantemente y, cogiendo a Esther por la cintura, uno de ellos empezó a bailar la conga. Esther reaccionó bruscamente y sacó las manos del joven.

—¿Pero qué te pasa, mujer? —preguntó el chico.

—¿En qué dirección está el centro de la ciudad? —respondió Esther.

El joven levantó el brazo y le indicó el oeste. Luego añadió:

—Pero estás muy lejos de allí y has de atravesar zonas muy peligrosas. Puedes quedarte con nosotros, somos buena gente, no te preocupes, te acompañaremos si quieres.

Esther se quedó con aquellos chicos. Por el camino le contaron que eran estudiantes universitarios, que celebraban las Navidades juntos porque en las fiestas cada uno estaría con su familia. Parecían jóvenes muy divertidos y respetuosos. Esther les contó parte de su vida, les dijo que había venido a Gerona en busca de trabajo y que la acababan de robar, pero no les comentó en ningún momento que era prostituta.

Después de escuchar toda aquella historia, los chicos le ofrecieron quedarse en su apartamento de estudiantes, a lo que ella respondió rápidamente dijo que no, pero durante la noche cambió su decisión y aceptó la invitación. El apartamento no quedaba lejos de la zona de la universidad. Era casi de día cuando llegaron y estaban todos bastante mareados por el alcohol. Los jóvenes le sacaron unas sábanas y unas mantas y le ofrecieron el sofá. Luego se marcharon a sus habitaciones.

Durmió un par de horas y luego se levantó. Aquel apartamento no era una maravilla, era el típico apartamento de estudiantes con ropa por la casa, la cocina con cacharros y nevera vacía, pero de momento tenía un techo. Dejó una nota y se marchó a buscar sus cosas al hostal. Como no sabía el camino exacto, fue preguntando a la gente hasta que llegó al lugar, recogió sus cosas y regresó. Durante el camino pensaba con alegría en su hija y, por desgracia, también en Santi... Solo pensar en él le ponía la piel de gallina.

Cuando llegó al piso de aquellos chicos se dio cuenta que no tenía llaves y que seguramente aún dormían. Llamó varias veces al timbre hasta que uno de ellos abrió la puerta. Sus ojos permanecían todavía cerrados y, cuando Esther empezó a hablar, se tapó rápidamente los oídos.

—Ssssshhhhssssss, me va a explotar la cabeza.

Esther sonrió. Cerró con cuidado la puerta y dejó sus cosas junto al sofá.

—¿Cómo te llamas? —preguntó el joven.

—Esther.

—Encantado, yo soy Francisco, pero por favor no hables muy alto si no quieres ver las paredes pintadas con fluidos cerebrales.

Esther echó una carcajada y rápidamente se tapó la boca.

—Lo siento, lo siento —susurró.

—Voy a hacer café. ¿Tú quieres? —preguntó Francisco.

—Sí, pero con leche, por favor.

El apartamento tenía una barra americana que separaba el salón de la cocina; junto a la barra había dos taburetes de madera y Esther se sentó en uno de ellos.

—Gracias por dejarme quedar aquí...

—De nada —contestó—. Piensa que también nos haces un favor tú a nosotros.

—¿Yo? —dijo asombrada.

—Nosotros no estaremos durante las vacaciones. Vicente y Pedro son de Madrid y Héctor se marchará a Lérida para estar con su novia. Y yo soy de Barcelona y pasaré las fiestas con mi familia. O sea, que la casa será toda tuya.

—Bueno... Pensaba que estaríais vosotros también. Casi no nos conocemos... ¿Confiáis en mí de todas maneras?

—Claro, mujer, pareces buena tía. Además, no hay mucho que llevarse de una casa de estudiantes —dijo echándose a reír suavemente—. Pero no te preocupes, aún estaremos tres días aquí contigo —añadió Francisco acercándole una taza de café con leche y un paquete de galletas—. Por cierto —continuó—, ¿de dónde venías? Pensé que aún dormirías como nosotros.

—He ido al centro a recoger mis cosas al hostal.

—Si lo hubieras dicho te hubiéramos acercado esta tarde en coche.

—No quiero ser una carga, no te preocupes... —dijo ella tomando un sorbo del desayuno—. ¡Ay! ¡Cómo quema!

Francisco se echó a reír, y echó leche fría en la taza de Esther. Vicente y Pedro se levantaron y salían riendo de la habitación.

—¡Pero mira que eres guarro! —dijo Vicente.

Pedro no podía parar de reírse, estaba totalmente rojo y se dejó caer sobre el sofá. Vicente, al verlo, le recordó que era la cama de Esther y este se levantó como un resorte y pidió disculpas.

—¿Qué os pasa? —preguntó Francisco.

—¡Este guarro, que se ha tirado un pedo a mi lado y un poco más y me asfixia!

Pedro y Francisco empezaron de nuevo a reírse y Esther se contagió con sus carcajadas y también reía. Con el alboroto salió Héctor.

—¡Joder! En esta casa no se puede dormir tranquilo.

Se sentó al lado de Esther y le guiñó un ojo.

—¿Se puede saber qué pasa? ¿Es que aún estáis borrachos? —dijo muy sonriente.

—¡Qué va a pasar! Imagina, te daré una pista... ¡Ha sido Pedro! —dijo Francisco.

—Ah, ya... ¿Otro pedo, eh?

Pedro reía y reía y al fin, cuando pudo parar, dijo:

—Buenos días, Esther. ¿Has dormido bien?

—Sí, muy bien, gracias.

Se dispusieron a desayunar y luego invitaron a Esther a dar una vuelta por la ciudad, así aprovecharían para ver si había alguna oferta de trabajo. Esther aceptó encantada.

—¿De qué te gustaría trabajar? —preguntó Héctor.

—Pues no lo sé —dijo—. La verdad es que solo he trabajado de dos cosas y no tengo experiencia en nada más que eso.

—Bueno, ¿y de qué has trabajado?

—He cuidado niños y he trabajado en la casa de una mujer de Barcelona.

—Pues ya tenemos algo por dónde empezar. Busquemos a ver si alguien necesita una canguro o una doncella —dijo Vicente.

Los chicos compraron un periódico y buscaron en las ofertas. Había muchos empleos, pero ninguno que se adecuara a Esther. Después de estar paseando varias horas por la ciudad, pasaron por delante de un bar. Tenían puesto un cartel en el cristal: «se necesita camarera, no es necesaria experiencia», y Héctor llamó la atención de sus amigos.

—¡Eh! Mirad ahí, necesitan camarera...

—¿Quieres preguntar, Esther? —dijo Francisco.

—Claro... Esperadme aquí, ahora vengo.

Esther entró y habló con el señor que estaba detrás de la barra. Después de unos minutos salió con cara seria y miró a los chicos.

—¡Empiezo mañana mismo!

Los chicos levantaron en brazos a Esther y la felicitaron con abrazos y besos. Esther se sentía una princesa de un cuento de hadas. Por una vez en su vida se había olvidado de su pasado, de sus penas y de sus miedos. Estaba disfrutando de una verdadera amistad y un cariño limpio, el cariño que le mostraban aquellos chicos sin pedir nada a cambio; incluso sin saber nada de ella le estaban obsequiando con minutos de paz, que para Esther era la mayor riqueza en aquellos momentos.

—¡Esto hay que celebrarlo! —dijo Héctor.

—¡Noooooo! —gritaron los demás—. Ya conocemos tus celebraciones.

Héctor salió corriendo, se subió encima de un contenedor y gritó:

—Señores y señoras, mi amiga ya tiene curro. ¿Verdad que hay que celebrarlo?

La gente que pasaba por allí lo miraba y se reía. Un hombre mayor le dijo:

—Sí, hijo, es una cosa importante, debéis celebrarlo, pero bájate del contenedor.

—¡Gracias, abuelo! —le dijo Héctor—. ¿Lo veis, chicos? Vamos a coger una peli de miedo al videoclub y compramos un montón de palomitas, birras y luego invadimos el sofá de Esther y la vemos a oscuras tapados con las mantas hasta la cabeza.

Todos se echaron a reír a carcajadas y Vicente le preguntó a Esther:

—¿Qué te parece la idea? ¿Te gustan las películas de miedo?

—Me parece estupendo... Hace mucho tiempo que no hago sofá, peli, manta.

Fueron al videoclub y después de discutir sobre el título de la película, se decidieron por una sobre un instituto embrujado. Compraron maíz para hacer palomitas, unas cervezas, refrescos y encargaron unas pizzas para cenar. Aquella noche fue especial para Esther. Intentaba viajar hacia atrás en el tiempo en busca de un momento como ese, dónde no hubiese lágrimas, ni dolor, pero lo único que venía a su mente era el rostro infantil de su amiga Marina y ni siquiera aquella imagen la hacía sentir como se sentía entre aquellos chicos. Terminó la película y Vicente se había dormido en el sofá. Pedro lo despertó con un beso, luego se marcharon a su habitación. Hasta ese momento, Esther no se había dado cuenta de nada, pero con ese gesto entendió el amor que unía a esos dos chicos. Habían hecho una guerra de palomitas y Francisco la ayudó a limpiarlo para que se pudiera acostar.

—Buenas noches, que descanses, y ¡¡¡no te piquen las chinches!!!

Esther se echó a reír y respondió:

—Buenas noches, Francisco.

Por la mañana, antes de que los chicos se despertasen, preparó café y unas tortitas para desayunar. Luego se marchó a su nuevo empleo.

El bar no era muy grande, tenía una barra que iba desde la puerta de entrada hasta en fondo, donde se encontraba la cocina. Su trabajo era servir copas y mantener limpio el local. El jefe le explicó que los clientes estaban acostumbrados a que las camareras fuesen simpáticas y atentas con ellos, que de aquella manera daban buenas propinas. Esther nunca había manejado una cafetera, ni había preparado un cubalibre, pero no tuvo grandes problemas para aprender. Cuando terminó su turno, el jefe la felicitó y le dijo:

—Me alegra ver que aprendes rápido; además, tienes muy buen trato con la gente, te espero mañana a la misma hora.

Hacía tanto tiempo que nadie le había dicho que hacía bien las cosas que no se lo creía. Cuando llegó al apartamento, Vicente y Héctor se estaban preparando para salir a dar una vuelta y la animaron para que fuese con ellos. Esther se lo pensó un poco, pero había recogido algunas propinas y se marchó con ellos. La llevaron a una discoteca y allí le presentaron a otros amigos de la facultad. Ángel se quedó prendado con la belleza de Esther y no se despegó de ella en toda la noche, y a ella tampoco le disgustaba su compañía: era un chico moreno y apuesto, con muy buena conversación y extremadamente simpático. Allí estuvieron hasta la madrugada. Vicente se había marchado con una amiga y Héctor estaba enzarzado en un debate sobre las influencias teológicas en la política. Entonces le pidió a Ángel que si podía acercarla a casa de los muchachos.

—Por supuesto, Esther, vamos.

A lo largo del trayecto hablaron sobre muchos temas, pero, sobre todo, sobre el amor. Él creía en el amor sincero, el que nace del corazón, el que dura toda la vida y Esther replicaba sobre aquello, pues sus experiencias habían sido todo lo contrario.

—Eso es que no has encontrado al hombre de tu vida —dijo Ángel.

—Supongo que es eso, pero al único que amé como tú dices me dejó con un bebé en el vientre.

—¡Qué cabrón! ¿Tienes un hijo entonces?

—Sí, tengo una hija de once años.

—¿Y dónde la tienes?

—Está pasando las fiestas en la sierra.

—¿Y su padre? —preguntó Ángel.

—Perdona, pero ¿por qué no cambiamos de tema?

Ángel empezó a hablar de otros temas. Al llegar al portal se despidió y ella le agradeció el paseo y la compañía.

—¿Te puedo volver a ver? —dijo.

—Me quedaré aquí hasta después de Reyes, cuando quieras...

Luego cerró la puerta y subió al piso. Allí se encontró con Francisco, que estaba haciendo su maleta. Por la mañana se marchaban todos con sus respectivas familias. Esther le preguntó sobre Ángel, y Francisco la miró pícaramente.

—¿Te ha gustado? —preguntó esbozando una sonrisa—. Es soltero y muy buen chico...

—Gracias —contestó.

Al siguiente día se encontraron todos en el salón; unos recogían sus cosas, otros ya se marchaban. Hubo abrazos y besos, y Esther se marchó a trabajar. Cuando volvió por la tarde, la casa estaba vacía; lo habían dejado todo por en medio y se puso a ordenar la casa. Eran las ocho y media de la noche y Esther estaba cansada. Se había estirado sobre el sofá a ver la tele envuelta con la manta cuando llamaron a la puerta.

—Esther, hola, soy Ángel.

Abrió la puerta y lo encontró con una botella de cava en una mano y una bolsa de comida rápida en la otra.

—¿Pero qué haces?

—Traigo la cena... ¿Ya has cenado? —dijo frunciendo el ceño.

—No he cenado aún, pero...

—Ya sé que no te he avisado, pero he pensado que tendrías hambre y, como la pandilla se ha marchado, que te gustaría tener compañía.

Ángel era muy bromista y le sacaba un chiste a cualquier cosa. Esther tenía dolorida la mandíbula de tanto reírse; era una cosa a la que no estaba acostumbrada y se sentía muy a gusto.

—¿Quieres que vayamos al cine? —preguntó él.

—No, gracias, mañana he de trabajar y no puedo acostarme tarde cada día.

—Entonces me marcho, así podrás descansar —dijo Ángel cogiendo su chaqueta.

—Si quieres puedes quedarte, puedes dormir en la cama de alguno de los chicos.

Dejó la chaqueta encima de la silla de nuevo y dijo:

—¿Hay parchís en esta casa?

—¿Parchís? —exclamó.

—¿No sabes lo que es? Es un juego en el que uno se come las fichas del otro.

—Ya sé lo que es, pero ¿quieres jugar al parchís? —preguntó Esther soltando una carcajada.

Ángel se quedó callado y después de observar a Esther le dijo:

—Me gusta cuando te ríes...

—Vamos a ver la tele, anda —dijo Esther.

Se sentaron en el sofá y poco a poco se iban recostando uno encima del otro hasta que estuvieron los dos tumbados, el uno abrazado al otro. Así se quedaron dormidos hasta el día siguiente. Al despertarse, Esther sintió como Ángel la abrazaba y, con cuidado, se levantó. Se quedó observándolo cómo dormía durante varios minutos. Nunca antes había experimentado una sensación de tanta paz.

Los días siguientes estuvieron llenos de situaciones como aquella. Ángel acostumbraba a recogerla en el trabajo, paseaban durante horas, cenaban, reían... Aquella amistad crecía por momentos. Una tarde, Ángel se acercó para besarla.

—No, lo siento —dijo ella.

—¿Por qué? Si sé que sientes lo mismo que yo...

—No quiero hacerte daño.

—¿Por qué tienes que hacerme daño?

—No puedo, lo siento de verdad, pero nunca lo entenderías...

Ángel la besó en la mejilla y le dijo:

—Puedo esperar. Me gustas y podré esperar lo que haga falta.

Esther lo miró fijamente y se dio cuenta de que aquellas palabras eran sinceras, lo abrazó tiernamente y se despidieron.

Durante aquella noche Esther pensó en las palabras de Ángel, nunca habían esperado por ella, nadie le había dicho cosas tan bonitas y nunca se había sentido tan respetada como mujer como cuando estaba con él. Se dio cuenta entonces de que estaba perdiendo, quizás, la oportunidad de su vida, ser feliz de una vez por todas...

Al día siguiente, Ángel no fue a recogerla al salir del bar, tampoco fue durante la tarde a verla, y tampoco la llamó por teléfono por la noche, algo que acostumbraba a hacer cuando se despedían temprano. Por la mañana llamaron a la puerta. Era el día libre de Esther y esta todavía estaba acostada. Era un joven que traía un enorme ramo; había flores de todos los colores y una tarjeta preciosa, en su interior escrito: «¿Desayunamos juntos?», firmado por Ángel. Al momento, el timbre de la puerta volvía a sonar. Era él con una caja de pastelillos en la mano. Esther puso el ramo en un jarrón y calentó leche. Ángel se sentó en la banqueta de madera y la observaba sin decir palabra.

—¿Qué miras? —preguntó la joven algo ruborizada.

—A ti...

Esther se acercó por el otro lado de la barra americana, besó los labios del chico y siguió con sus cosas. Durante el desayuno no dejaron de hacerse carantoñas y mimos, y finalmente se fundieron en un apasionado beso que terminó en la cama, donde pasaron toda la tarde.

Los siguientes días estuvieron llenos de amor y pasión. Ángel sabía y aceptaba los secretos que ella guardaba. Por otro lado, Esther disfrutaba de aquella pequeña porción de felicidad que le daba la vida. Los dos, cada cual a su manera, aprovechaba cada segundo que compartían.

La noche de Año Nuevo Ángel invitó a Esther a casa de sus padres. La presentó como una amiga de la universidad, pero sus padres estuvieron toda la noche haciendo preguntas para intentar descubrir si aquella chica sería su futura nuera. Cuando terminaron las campanadas, se abrazaron y se besaron celebrando el Año Nuevo. Ángel se acercó a ella y le dijo:

—¡Feliz Año Nuevo, Esther!

—Igualmente, Ángel —dijo besándolo en la mejilla.

Entonces levantó la copa de cava y felicitó al resto de su familia.

—¿Quién se viene a bailar? —dijo alzando la voz—. ¿Tú? —añadió mirando a Esther.

—Sí, encantada. ¿Adónde vamos a ir?

—Vamos a una de las discotecas más lujosas de esta ciudad.

Una hermana de Ángel y su marido aceptaron también la invitación y los cuatro se marcharon. Llegaron a una macro discoteca que había en las afueras de la ciudad. Había muchísima gente que hacía cola para entrar, ellos se colocaron al final y poco a poco fueron llegando a la entrada. En la puerta se encontraron con un hombre corpulento que saludó a Ángel con simpatía, y los dejó entrar sin pagar.

—¿Quién es? —preguntó la hermana de Ángel.

—Estudiamos juntos en la facultad.

Dentro del local la gente bailaba y reía, y se felicitaban por el año nuevo aún sin conocerse. De repente, un hombre se acercó a Esther.

—¡Hola! ¿Qué haces por aquí?

Esther se giró y reconoció a uno de los amigos de Irene.

—Pues ya ves, celebrando el año nuevo con unos amigos.

—Estás muy lejos de casa, ¿no?

—¡Qué va! Ahora vivo aquí.

—Pues a ver cuándo me haces un trabajito —dijo aquel hombre.

—No, ya no me dedico a esto, trabajo de camarera.

—¿Ah, sí? ¿Y dónde trabajas?

Esther y aquel hombre estuvieron hablando durante unos minutos; luego Ángel le dijo:

—Voy a buscar algo de beber, espérame aquí, ¿vale?

—¿Es tu novio? —preguntó el amigo de Irene.

—No, que va, es solo un amigo.

—Ya... Pues aquí hay más gente que tú conoces. Están Ingrid, Alberto, David, Luis, César...

—¿César? ¿Está aquí?

—Sí. ¿Quieres que vaya a buscarlo?

—¡No! Gracias, ya lo veré. Bueno, voy a ver qué me piden de beber, que no quisiera emborracharme —dijo Esther apresuradamente.

Buscó a Ángel en la barra, pero no lo encontró. Luego

buscó a la hermana de este y a su marido, pero tampoco los veía por ningún lado. Dio unas vueltas por la discoteca y entonces lo vio. Estaba en otra de las barras hablando con una chica.

—Ángel.

—Ah, perdona, me encontré con una amiga... Mira, Ana, te presento a Esther. Ana es otra compañera de la universidad.

—Encantada, Ana. Ángel, no me encuentro muy bien, me gustaría marcharme.

—¿Marcharte? ¿Ahora mismo? ¡Pero si acabamos de llegar!

—Lo sé, pero...

—¿Te pasa algo? —preguntó Ángel preocupado.

—No, nada... Bueno, déjalo, puedo aguantar un rato más.

Ángel abrazó a Esther y le dio un beso en la mejilla.

—Solo un rato, ¿vale?

Esther sonrió y se apoyó en la barra. No dejaba de mirar para todos lados.

—¿Buscas a alguien? —dijo Ángel.

—No, observo a la gente. Me gusta...

—¡Esther! —escucharon—. ¡Cuánto tiempo sin verte! ¡Feliz Año Nuevo!

—Hola, ¿qué tal estás, Ingrid?

—¡Muy bien! ¡Hemos venido un montón de gente a despedir el año y a bendecir el nuevo con mucho alcohol!

¿Por qué no te unes a nosotros?

—¡No! Gracias, pero estoy con unos amigos...

—Pues te traes a tus amigos y nos los presentas, tonta. ¡¡Venga, anímate!!

—No, no. Además, pronto nos iremos, ¿verdad? —dijo mirando a Ángel.

—Sí, no tardaremos mucho —dijo él.

—Bueno, tú misma... —Ingrid dio un beso a Esther y se perdió entre la gente que bailaba en la pista.

Ángel bebió de su vaso y cogió a Esther por la cintura.

—¡Vamos a bailar!

—No me apetece...

—¿Qué te pasa? ¿Quién es esa gente? —preguntó enfadado.

—Gente que conozco desde hace tiempo...

—Bueno, ¿y por esa gente vas a echar a perder la noche? ¡Es Año Nuevo, Esther! ¿Por favor?

Esther acompañó a Ángel a la pista y bailaron durante un rato. Luego se marcharon. Se creía libre y a salvo, pues no había visto a nadie más durante la noche y, sobre todo, porque no había visto a César.

Al día siguiente se marchó a trabajar al bar como cada día y, al poco rato, entró César. Esther se quedó pálida y el jefe le preguntó:

—¿Te encuentras bien, hija? Estás blanca como la leche, parece que hayas visto al mismísimo diablo.

—No, señor, estoy bien, solo me he sentido indispuesta unos segundos, enseguida me recuperaré.

—Será de la fiesta de ayer... —dijo el hombre echándose a reír—. Anda, atiende a ese cliente.

Esther se acercó a la parte de la barra donde se había sentado César.

—¿Qué te pongo?

—Te quiero a ti, y a mi hija... Te he buscado por toda Barcelona.

—¿Un café? —dijo Esther sin escuchar lo que él decía.

Preparó un café y lo sirvió. Cuando acercó la taza, César le cogió la mano y apretándola fuertemente dijo:

—No pienses ni por un momento que te librarás de mí solo por irte de la ciudad. Yo soy como Dios, estoy en todas partes...

Esther se soltó con firmeza y se marchó a la cocina.

—¿Pasa algo con ese hombre, hija? —preguntó el jefe.

—Creo que no, señor. Lo conozco, es un poco pesado... —dijo sonriendo.

El jefe se acercó a César y preguntó:

—¿Le pongo alguna cosa más?

—¡No!

—Pues un euro con veinte céntimos, por favor.

Al salir del bar la estaba esperando Ángel y, a lo lejos, César. Ángel besó a Esther y se marcharon. César observaba a la pareja con una sonrisa irónica, pero no se acercó, se limitó a seguirlos distantemente. Ángel notó la tensión de Esther y se lo dijo. Esta le explicó que César era el padre de su hija, que la había encontrado, y que ahora no la dejaría en paz. Ángel se giró violentamente y fue hacia él.

—¿Qué quieres? —le preguntó.

—A ella... Ella sabe lo que quiero.

—¡Déjala en paz! Formas parte de su pasado, yo de su presente, así que largo...

César empezó a reírse y empujó a Ángel.

—¿Pero quién te crees que eres? ¿Te crees especial? ¿Te cobra a ti también? Lo hace bien, ¿verdad? Recuerdo que era una verdadera leona en la cama. No tienes ni idea de quién es.

—No me importa su vida anterior, solo me importa verla feliz ahora, conmigo. No voy a permitirte que te acerques a ella.

—Pues deberás encerrarla en casa, porque yo estaré pegado a ella como si de su sombra se tratase —dijo César empujando de nuevo al joven.

Ángel soltó su puño y golpeó a César en la cara.

—¿Eso quieres? ¿Qué eres? ¿Su chulo? —respondió enzarzándose en una pelea.

Los dos chicos cayeron al suelo, se daban golpes y patadas con fuerza y entonces César se levantó y entresacó una navaja.

—¡Ven! ¡Ven, cabrón! Acércate si te atreves...

—¡Ángel! —gritó Esther a la vez que salía corriendo para ponerse enfrente de César.

—¡Ya basta! ¿Qué pretendes? —dijo Esther.

—Arruinaré tu vida, como tú arruinaste la mía, ¡puta!

Esther cogió del brazo a Ángel y se alejaron. Cuando llegaron a casa, Ángel se lavó la cara, tenía algunos cortes de poca importancia.

—Esther, debes contármelo todo. No puedo vivir defendiendo algo que no conozco.

—Te he dicho la verdad.

—Sí, pero ¿qué verdad?

Se sentaron en el sofá abrazados y se quedaron allí durante un tiempo en silencio.

—Ángel, me vuelvo a Barcelona... —dijo Esther con suavidad.

—¿Volverás algún día? —respondió sin mirarla.

—No lo sé... Pero debo afrontar mi pasado para poder vivir un futuro.

Ángel no dijo nada más. Por la mañana Esther empezó a recoger sus cosas, escribió una extensa nota de agradecimiento para sus amigos, la dejó junto a las llaves del apartamento y se marchó.

CAPITULO XII

En el tren recordaba aquellos fantásticos días y caía una lágrima por su rostro. A medida que el tren avanzaba, Esther pensaba en los días que había pasado junto Ángel. Aquellos momentos de felicidad, de alegría, de risas, habían sido momentos que nunca había experimentado antes con tanta naturalidad. Ángel era un joven que le había dado mucho: había sacado de ella la parte más adolescente, aquella parte que no había podido vivir en su momento, y que había disfrutado durante unos días a su lado.

Esther cerró sus ojos y recordó aquella primera vez que vio a César, con Marina en el entrenamiento. Era tan guapo, tan atento, tan entregado a su trabajo que nunca podía haber imaginado que su vida terminase en manos de aquel hombre. Por unos instantes sintió lastima por él, pero pronto aquella idea desapareció de su mente. Estaba llegando ya a la ciudad y volvía a sentir aquella sensación extraña, un ahogo recorriendo su estómago, de nuevo el miedo recorriendo todo su cuerpo.

Cuando llegó a Barcelona, se fue directamente a casa de una de sus antiguas compañeras.

—¿Pero qué haces tú aquí? ¡Qué alegría verte! —dijo su

amiga.

—Hola, Lina, ¿qué tal va todo?

—Bueno... Las cosas no han mejorado demasiado desde que te fuiste. Santi ha estado como loco buscándote. Nos ha acosado hasta la saciedad creyendo que sabíamos algo de ti.

—Lo imagino... —contestó Esther.

—Y dime, ¿dónde has estado? ¿Qué has hecho estos días? —preguntó Lina abrazando cariñosamente a Esther.

—He estado por Gerona, encontré un trabajo en un bar.

—¿En un bar? —dijo extrañada Lina.

—Sí, en un bar pequeño.

—Bueno, déjalo, ¿qué quieres hacer?

—No lo sé —dijo Esther pensativa—. No sé si debo ir a casa con Santi o esconderme.

—¿Ir a casa de Santi? ¿Estás loca? No sabemos cómo va a reaccionar, igual te mata de un golpe. ¿Por qué has vuelto?

—César me encontró...

—¿Qué dices? ¿En Gerona y te encontró?

—En fin de año, fui con unos amigos a una discoteca y allí estaba él con otros amigos de Irene.

—Mira que es casualidad, chica. ¿Y qué hiciste?

—Yo nada, él lo hizo todo. Le sacó una navaja al chico que me acompañaba, me he dado cuenta de que no podré nunca empezar de nuevo si antes no termino con mi pasado.

—¿Le dejarás conocer a Clara?

—¡Nooo! —dijo Esther levantándose rápidamente de la

silla—. Eso es una locura. Aún no sé qué voy a hacer, no tengo nada claro, pero está clarísimo que a mi niña no la verá.

—Bueno, pues descansa aquí como si estuvieses en tu casa. Yo voy a hacer unas cosas y luego vengo.

—Gracias, Lina.

Esther se quedó en casa de Lina pensando en la manera de presentarse de nuevo a Santi. Quería ir ella antes de que él se enterase por otra gente de que había vuelto al barrio. Por la tarde, después de comer, Esther se armó de valor y se dirigió a casa de Santi. Le abrió la puerta una chica joven; debía tener alrededor de veinte años.

—¿Quién eres? —preguntó Esther.

—¿Quién eres tú? —respondió.

Se escuchó de fondo la voz de Santi.

—¿Quién es, Verónica? ¡Si venden algo cierra la puerta y vuélvete a la cama!

Esther apartó a la chica a un lado y entró.

—Soy yo, Santi, y no vendo nada.

—¡Esther! ¿Qué coño haces aquí? ¿Dónde estabas?

Santi se acercó rápidamente a Esther, llevaba puesto el pantalón de pijama e iba sin camiseta.

—Te he buscado por todos los rincones de la ciudad —dijo cariñosamente intentando abrazar a Esther.

Ella se alejó y miró a la chica. Esta se marchó hacia la habitación, recogió sus cosas y se vistió. Momentos más tarde se acercó a Santi y dijo:

—Supongo que esta es la mujer de la que me has hablado. Que tengas suerte.

Y se marchó visiblemente enfadada.

—Bueno, cuenta, Esther. ¿Qué has hecho estas navidades? ¿Dónde has estado?

—Me fui a pasar unos días con mis tíos —dijo Esther.

—¿Tus tíos? Eso está bien, pero... Me lo podías haber dicho, lo hubiese entendido.

—Necesitaba alejarme un poco.

—¿De mí? Esther, lo siento, sé que he sido algo duro contigo, pero entiende que las cosas no me iban bien.

—Santi, déjalo, por favor. He vuelto porque necesito tu ayuda.

—Pide lo que quieras, estoy a tu disposición, te lo debo —dijo sentándose en el sofá y haciendo un gesto para que ella se sentara al lado.

Esther quería mantenerse distante a él, pero necesitaba despertar en Santi algo de humanidad para que la protegiese de César.

—¿Te acuerdas del padre de Clara? —preguntó.

—¡Claro! ¿Cómo lo iba a olvidar?

—Me ha estado persiguiendo, me amenaza y tengo miedo...

Santi la abrazó y acarició su pelo. Luego la acarició con las dos manos y besó suavemente los labios de Esther.

—No tengas miedo, ahora estás en casa. No permitiremos

que te haga nada.

Por fin terminaron las fiestas y volvió Clara. Estaba espléndida.

— ¡Mamá! Ha sido fantástico… Alexia y sus padres son muy amables, me han tratado como si fuese de la familia, me han enseñado a esquiar y fíjate todo lo que me han comprado.

Aquellas personas habían llevado de compras a las niñas y Clara le enseñó toda la ropa y juguetes que le habían regalado. Esther se sentía contenta por la niña, pero sentía un profundo sentimiento de culpa por haberla alejado de ella durante unas fechas tan importantes. Cuando miraba el rostro de felicidad de Clara, se iluminaba el suyo y eso para Esther era la mayor satisfacción que la vida podía regalarle.

Empezó de nuevo el curso y, con él, la vida de Esther. Se puso a buscar algún empleo que no fuese la prostitución, pero había poco trabajo y no hubo suerte. Cuando habían pasado ya varias semanas, Santi le dijo que tenía que hacer algo mientras no encontrase otro empleo.

—Yo no quiero volver a lo mismo de antes, Santi.

—No hay otra salida, con mis negocios solo no podemos salir adelante. Mira la nevera, ¡está vacía!

—¡No me chilles! —dijo Esther.

—No te chillo, solo te digo lo que hay. Tú no sirves para nada más que para usar tu cuerpo, no tienes estudios, ni experiencia en nada… ¿Qué pretendes? ¿Qué yo corra con todos tus caprichos?

—No, encontraré algo —dijo Esther de nuevo.

—¡Más te vale! Necesitamos dinero.

Santi se marchó dejando de nuevo a Esther en casa. Esta había comprado periódicos y revistas de empleo. Las miró como cada día, pero sin éxito. Santi quizás tenía razón: no servía para nada más que para prostituirse.

Esther llamó a sus clientes, algunos no querían saber nada y otros le ofrecían poco dinero por un rato con ella. Esther aceptó, se citó con un hombre con el que ya había mantenido relaciones infinidad de veces, pero aquella vez era diferente, la situación había cambiado, sus pensamientos habían cambiado. Todo lo que giraba a su alrededor lo veía de otra manera, los días vividos en Gerona, lejos de la prostitución, lejos de los abusos, de las drogas... Todo aquello había hecho de Esther una mujer nueva, segura de sí misma, con aspiraciones y sueños que no quería perder.

Cuando aquel hombre llamó a la puerta, Esther le dijo que había cambiado de opinión, que no quería prostituirse más. El hombre se puso como una fiera.

—¡He dejado negocios por venir a ti! ¿Y ahora me pagas así? Zorra de mierda...

—No quiero que mi cuerpo sea un juguete en manos de los hombres, quiero algo más en la vida.

—¿Algo más? ¿Tú? ¿Qué vas a conseguir tú?

—Muchas cosas... Muchas más de las que nadie puede

imaginar.

El hombre se marchó echando fuego por la boca y Esther se quedó detrás de la puerta apoyada, y aspiró profundamente.

Al día siguiente salió a la calle, se dedicó a llamar a puertas, a visitar bares, restaurantes y casas, sin desfallecer. Quería trabajar, no importaba de qué, pero un trabajo honrado. Al fin llegó a un centro comercial, y mientras caminaba mirando los escaparates, vio un anuncio de empleo: «se necesita limpiadora». Entró rápidamente, pero de nada sirvió: el puesto ya había sido ocupado.

Esther empezaba a desanimarse. ¿Cuántos días aguantaría Santi sin enfadarse? ¿Qué sería capaz de hacer si un día se hartaba de esperar a que ella encontrase trabajo? Eran tantas las incógnitas que revoloteaban en su cabeza que no sabía qué hacer. No quería tentar a la suerte y recibir de nuevo los golpes de Santi.

—¡Esther! —se escuchó.

Ella miró hacia todos los lados y vio a Julia.

—¡Cuánto tiempo sin verte! —dijo.

—Sí, demasiado...

—¿Cómo te va la vida? —preguntó Julia.

—Bueno, me podría ir mejor, pero no puedo quejarme.

—¿Cómo está Clara? Supongo que muy grande ya.

—Sí, está grande, tiene ya once años.

—¿Y qué haces por aquí? ¿Vas de compras?

—No, estoy buscando trabajo —dijo Esther.

—¿Ya no te dedicas? ¿Ya no estás con Santi?

—Sí, estoy con él, pero busco un trabajo en el que mi cuerpo no sea la herramienta.

—Te entiendo... Me alegra escuchar esa decisión. Mira, yo sé de una señora que busca a alguien para limpiar en su casa. Si quieres, puedo llevarte y presentártela —le dijo Julia—. Pero no le digas nada a nadie, si lo supiese Irene, me despediría —añadió.

—Tranquila, tu secreto estará a buen recaudo. Dame la dirección, iré sola.

Julia le escribió la dirección en un trozo de papel.

—Bueno, he de dejarte. Me alegra mucho saber que estás bien. Da un beso a Clara de mi parte, aunque sé que no se acordará de mí.

—Lo haré, descuida.

Esther se quedó mirando aquel papel. Luego miró el reloj. Era muy tarde ya para ir ese día, mejor lo dejaba para el día siguiente. Se marchó a casa y se lo contó todo a Santi.

—Me parece bien, pero recuerda que si no te sale este trabajo...

—Lo sé.... Pero tengo la intuición de que saldrá bien, ya lo verás.

Por la mañana temprano salió para dirigirse a casa de aquella mujer. Por el camino observó a alguien que la seguía, pero cada vez que ella se giraba para ver quién era, aquella persona se escondía entre los coches. Aceleró el paso, pues pensó que podía ser César y aquello la aterraba. Cuando llegó a la dirección vio una casa; no era demasiado grande y tenía un pequeño jardín que Esther cruzó para llegar a la puerta de entrada. Le abrió un señor de edad avanzada y ella se presentó.

—Buenos días, busco a la señora Milagros.

—Un momento —dijo el hombre cerrando la puerta de nuevo.

Al momento la abrió de nuevo una mujer.

—Hola, soy Milagros. ¿Dime?

—Venía porque me han dicho que usted está buscando una empleada.

—Sí, busco a una mujer de la limpieza. ¿Quién te lo dijo?

—Julia —dijo Esther.

—¡Ah, sí! Me comentó ayer por la noche que vendría una chica. Pasa —le dijo abriendo la puerta del todo.

La casa estaba decorada con mucho gusto. Los pocos muebles que tenía estaban colocados en lugares estratégicos que agrandaban el habitáculo.

—¿Has trabajado alguna vez en esto?

—No, señora. Yo he cuidado niños, he trabajado en un bar y he limpiado mi casa, pero nunca he limpiado la de otros.

—¡Mejor! Así no tendrás manías y aprenderás a mi manera.

—Entonces, ¿me da el empleo? –preguntó Esther

cabizbaja.

—Sí, si Julia te ha recomendado, será que eres de su confianza. Vendrás tres días por semana de las nueve a las dos de la tarde. Te pagaré trescientos euros al mes.

—¿Trescientos?

—¿Te parece poco?

Esther se calló y negó con la cabeza. Ella había pensado en conseguir un empleo donde ganase bastante más, pero era lo único que tenía por el momento y aceptó.

—Si quieres podemos empezar hoy —dijo la señora Milagros.

—Está bien, dígame qué tengo que hacer...

Le enseñó dónde tenía los productos de limpieza, y le enseñó una a una las habitaciones de la casa. Esta contaba con dos plantas, pero no eran demasiado grandes y a Esther le pareció que sería un trabajo fácil de realizar. Pero a medida que iban pasando los días, la señora Milagros se volvía más especial: le gustaba que limpiase los suelos de madera arrodillada y con un cepillo blando; los aseos debían hacerse a primera hora con un producto especial para los esmaltes; y todas las griferías las limpiaba con un líquido que olía a rayos. Tenía muchas alfombras y tapices que aspiraba diariamente, pero no se podía utilizar el aspirador entre las nueve y las once porque ella aprovechaba esas horas para hacer unas clases de meditación en su despacho.

Pasó el primer mes y la señora Milagros dio un sobre a

Esther. Cuando esta lo abrió, encontró doscientos ochenta euros.

—Perdone, señora, hay solo doscientos ochenta... —dijo Esther.

—Lo sé, los otros veinte me los he quedado para pagar el jarrón que rompiste el otro día.

—Pero fue un accidente, no pretendía romperlo...

—Sí, claro, pero si no lo hago así, puedes romper *sin querer* todas las cosas de la casa que te dé la gana y no estoy dispuesta a eso —dijo la señora.

Esther cogió el dinero y se marchó. Mientras regresaba a su casa pensaba en ese maldito jarrón y en los veinte euros.

—Maldita sea. ¡Será bruja! Pues no tendrá ella dinero para comprarse mil jarrones de veinte euros...

De repente, el frenazo de un coche la asustó. Miró a todos lados y observó un coche que había parado bruscamente detrás de ella. No podía ver claramente al conductor, pero, entre los destellos del sol sobre el cristal, se intuía la silueta de un hombre. Imaginó que era de nuevo César y empezó a correr hasta llegar a su casa. Una vez dentro, cerró con pestillo y respiró hondo para recuperar el aliento. Dejó el sobre encima de la mesa del comedor y empezó a hacer la comida. Santi solía llegar más tarde desde que ella había empezado a trabajar, pero aquel día no llegaba. Eran ya las cinco de la tarde y no había aparecido. Era algo extraño, Santi no se quedaba ningún día sin comer. Pasó la tarde y se hizo la noche. Sobre las once apareció él. Entró cerrando rápidamente la puerta, bajó las persianas y cerró las luces.

—¿Qué pasa? —preguntó asustada.

—¡Cállate!

Esther se quedó sentada en el sofá mirando la televisión.

—¡Cierra esa maldita televisión! ¡Joder!

—Ya voy, hombre. ¿Me dirás qué pasa?

—Me siguen... Alguien me busca.

—¿Por qué te buscan? ¿Quién te persigue? —dijo Esther acercándose a una de las ventanas.

Santi la alejó de un empujón y le dijo alzando la voz.

—¿Quieres estarte quieta? No te asomes, que crean que no hay nadie.

—Pero si te siguen, sabrán que has entrado en casa, ¿no? —replicó levantando la voz.

Santi le dio una bofetada y le dijo:

—¿Tú de parte de quién estás, de ellos o de mí?

—De ninguno de los dos, no tengo ni idea de lo que hablas —dijo llevando su mano al labio.

Se miró la mano y tenía sangre; cogió un pañuelo de papel que llevaba en el bolsillo y se la limpió a la vez que observaba a Santi con cara de odio. Luego se marchó a la cama. Santi se pasó la noche en vela, fumando y mirando por las rendijas de la persiana; se le veía realmente asustado e inquieto. Cuando se levantó Esther, preparó café y llevó al comedor galletas, leche y azúcar.

—Vamos a desayunar.

—¡No tengo hambre!

Esther regresó de nuevo con las cosas a la cocina y desayunó sola. Luego se vistió y, cuando se dirigía a la puerta para salir, Santi le dijo:

—¿Dónde vas? —gritó Santi.

—Voy a comprar el pan y algunas cosas que hacen falta.

—¿Tienes dinero? ¡Dámelo, lo necesito!

—De eso nada, este dinero es para comprar comida, no es para pagar tus deudas. ¿Por qué te buscan? ¡Dímelo!

Santi golpeó a Esther de nuevo y le quitó el monedero. Sacó hasta el último euro y se lo guardó en un bolsillo.

—¡Santi! ¿Otra vez igual?

—¡No! Esta vez va en serio, Esther. Esta gente no se anda con chiquitas. Si no les pago, me matan...

Esther imaginó aquella escena; no podía negar que aquello sería una salvación para ella, pero a la vez no deseaba algo tan radical para Santi e inspiró fuertemente.

—¿Y qué crees que vamos a comer si les das todo el dinero a esa gente?

—¿Todo? ¿Te crees que esta miseria que tú tienes es todo? ¡Les debo millones!

—¿¡De qué!? —gritó Esther—. Drogas, ¿no? ¡Eres un maldito idiota!

Santi la agarró por el cuello y apretó mientras la miraba fijamente.

—No vuelvas a preguntar el porqué de nada, y mucho menos se te ocurra llamarme idiota otra vez o aparecerás en el fondo de algún lago —dijo con odio—. Ni te atrevas —añadió.

Esther ya casi no tenía aire y entonces la soltó. Ella sabía que Santi debía ese dinero por asuntos de drogas, pero no podía demostrarlo. Se escondió en la habitación y allí pasó el día.

Por la mañana se levantó en silencio y aprovechó que Santi se había quedado dormido en el sofá para irse a trabajar. La señora Milagros iba a tener invitados aquel fin de semana y le hizo hacer una limpieza exhausta de lámparas, plata y cristales. Luego se dedicó al resto de la limpieza. Cuando terminó, la señora le dijo:

—Esther, me gusta como limpias, pero me gustaría que fueras un poco más aseada cuando vinieras a casa.

—Lo siento, señora, es que hoy me dormí y no me di cuenta, por eso salí sin peinar tan siquiera. No volverá a ocurrir, se lo prometo.

—Eso espero, porque eso también es una falta grave para mí y te lo tendría que descontar del sueldo.

—¿Del sueldo? ¿Y eso por qué si no tiene relación?

—Sí la tiene. Aunque seas limpiadora, tu imagen debe corresponder a la casa a la que acudes, y esta casa es suficientemente importante como para que vengas bien vestida y aseada.

—¡Está bien, señora! —dijo Esther algo molesta.

Estaba a punto de entrar en su casa cuando dos hombres la acorralaron.

—¿Dónde está Santi? —le preguntaron.

Ella se quedó paralizada por el miedo y señaló hacia arriba. Los hombres la empujaron por las escaleras y la obligaron a abrir la puerta. Cuando intentó entrar para avisar a Santi, la empujaron fuera y cerraron la puerta. Se quedó allí escuchando. Aquellos hombres tiraban las cosas, daban gritos y se escuchaban golpes. De pronto, Santi gritó y salieron corriendo. Esther entró y encontró a Santi tumbado en el suelo. Sangraba mucho y cuando esta se acercó, Santi le dijo:

—¡Tú me has hecho esto! Les has dejado entrar para que me mataran, ¿verdad? Te juro que pagarás cara tu traición, Esther. ¡Te lo juro!

—¡No! Me han cogido por sorpresa en la escalera –dijo Esther arrodillándose al lado de Santi.

Apartó las manos de Santi y observó una profunda herida en el abdomen. Él, entonces, perdió el conocimiento. Esther llamó a una ambulancia y rápidamente lo llevaron al hospital. Mientras esperaba en una pequeña sala a que le dijesen algo, se acercó una pareja de la guardia civil preguntando por Santi. Una de las enfermeras señaló a Esther, les dijo que era su acompañante.

—Buenos tardes, señora —dijeron los agentes.

—Hola, buenos tardes.

—¿Conoce usted a Santi López?

—Sí, lo conozco.

—¿Nos permite unas preguntas? —dijo el mayor de los dos.

—Adelante, agente, dígame.

—¿Qué ha pasado?

—No lo sé, hace unos días que unos hombres lo persiguen, él estaba escondido en casa y aprovecharon que yo volvía de trabajar para entrar y...

Esther no pudo aguantar más la tensión y empezó a llorar.

—Cálmese, señora.

Los agentes vieron la marca de uno de los golpes que tenía Esther al lado del ojo.

—¿Se ha dado un golpe, señora? —preguntó el joven.

Esther, llevándose la mano al ojo, contestó:

—Sí, con la puerta de un armario de la cocina.

Los agentes se miraron entre sí, pero no dijeron nada más. Se quedaron allí hasta que pudieron ver a Santi. Los médicos dijeron que la herida había alcanzado el pulmón y que había perdido mucha sangre. Pasaron varias horas y al final pudieron entrar. Santi estaba medio despierto cuando vio a Esther. Le dijo que no quería verla, que se marchara, que ya había hecho bastante por él. Entonces vio a la guardia civil y añadió:

—Veo que no has perdido el tiempo... ¿Querías

hundirme? ¡Vete de mi habitación!

Santi empezó a toser y se llevó las manos a la herida. Uno de los guardias cerró la puerta y el otro preguntó:

—¿Y bien? ¿Nos vas a contar algo?

—No tengo nada que decir... —dijo Santi.

—Sabemos de tus «negocios». Te has juntado con gente peligrosa, chico. Tú para ellos eres nada y ya te han dado el aviso; seguramente les debes dinero.

Santi miraba al techo, intentaba mantener la calma, pero uno de los guardias le giró bruscamente la cabeza y le dijo:

—¡Estás lleno de mierda, tío! Esa gente te matará en cuanto salgas o peor aún, matarán a tu gente... A tu mujer, a tus hijos...

—¡No tengo mujer! Tampoco hijos.

—Si nos ayudas a cogerlos, podemos rebajar tu condena. Sabemos que pasas droga en todo el barrio, tenemos suficiente información para que alcances tu vejez en la cárcel, de ti depende —dijo el más joven.

Santi se quedó callado y volvió a girar la cara.

—Quedas detenido por tráfico de estupefacientes, Santi López —añadió el agente más joven.

Los guardias se marcharon de la habitación, uno de ellos se quedó en el pasillo para evitar que Santi pudiese huir.

CAPITULO XIII

Tres semanas más tarde llegó la noticia al barrio: Santi estaba preso a la espera de juicio. Para Esther fue una grata noticia, se habían terminado los golpes y el miedo, pero seguía pendiente el tema de César, aunque hacía bastantes días que no sabía nada de él. El dinero que ganaba en casa de la señora Milagros no era suficiente para cubrir todos los gastos: el alquiler, los suministros, las cosas de Clara, la comida... Era demasiado y, aunque se había jurado a sí misma que no vendería más su cuerpo, finalmente tuvo que optar por volver al negocio. Escogió entre sus clientes a aquellos hombres que le daban un trato más humano y empezó a citarse. A medida que pasaban los meses se iba sintiendo más liberada y veía como los clientes regresaban bastante a menudo. Eso la hizo retomar su actividad por completo y dejar el empleo de limpiadora.

El curso escolar estaba terminando y esperaba ansiosa el regreso de Clara a casa. Esta había cumplido ya los doce años, era toda una mujercita. En la escuela le habían enseñado tantas historias que, cuando Esther la escuchaba, veía en su hija lo que a ella le hubiese gustado ser.

Aquel verano aprovechó para hacer todas aquellas cosas

que no habían podido hacer juntas. A Clara le gustaba jugar con la ropa y los zapatos de su madre y por las noches la sorprendía en el comedor y le preparaba pequeñas representaciones delante del televisor. Esther lloraba de tanto reírse y terminaban las dos tiradas sobre el sofá haciéndose cosquillas y riendo sin poder parar. A medida que se acercaba el mes de septiembre, fecha en la que tenía que regresar a la escuela, Clara se iba desanimando y se la veía triste.

—¿Qué te pasa, hija? Hace días que observo que no tienes ganas de nada.

—Mamá, no quiero volver al colegio... Me gustaría quedarme aquí contigo.

—Pero, cariño, sabes que eso no es posible. Te queda solo un curso para terminar. Luego el instituto si quieres lo haces aquí en el barrio.

Clara aceptó, no solía replicar las decisiones que tomaba su madre aunque no estuviese de acuerdo. Esther acompañó a su hija al colegio en su primer día de clase. En la puerta se encontró con el resto de niñas del internado. Esther había prometido no llorar, pero a medida que iba viendo a Clara adentrarse en las instalaciones, una lágrima se le escapaba. Para ella también era duro separarse de su hija ahora que estaban recuperando el cariño y el tiempo perdido, momentos que se fijan en el recuerdo como un tatuaje en la piel.

Unos días más tarde, mientras hacía unas compras en el centro comercial, se encontró con Julia de nuevo.

—¡Esther!

—Hola, Julia, ¿qué tal va todo?

—Muy bien, ¿y a ti? ¿Fuiste a la señora Milagros?

—Sí, estuve allí trabajando unos meses, pero ya no.

—¿Por qué? ¿Pasó algo?

—No, que va... Es una mujer especial, pero con lo que ganaba no tenía suficiente y he tenido que volver a trabajar.

—Ya entiendo... Bueno, pues nada, espero que te vaya bien. Me voy corriendo que tengo una prisa...

Esther iba cargada con unas bolsas muy pesadas y a medio camino se paró a descansar. Justo a su lado había un poste de la luz con una oferta de trabajo pegada: «Se necesita personal de 20 a 35 años para buzoneo». Se dio cuenta entonces de que ya no tenía las cosas fáciles para encontrar empleo. Tenía ya esos treinta y cinco años que marcaban la franja de edad y que el camino que había escogido sería el que marcaría ya su vida. Cogió de nuevo sus bolsas y al levantar la cabeza se encontró de frente con César.

—¿Qué quieres? –preguntó desafiante.

César se echó a reír como en tantas otras ocasiones.

—¿Crees que estás en disposición de hablarme así? Yo creo que no.

—¿A qué te refieres? Yo no quiero saber nada de ti, te lo dije en Gerona.

—Ya... —susurró César cerca del oído de Esther—. Sé que volverás de nuevo a mí, y entonces ya hablaremos —continuó César mientras disimuladamente apretaba el brazo de ella.

Aquella noche sacó de su cartera un trozo de papel que tenía un número escrito. Se lo quedó mirando durante muchos minutos y finalmente se acercó al teléfono.

—¿Dígame? —respondió una voz de mujer.

—Hola, buenas noches. ¿Está Ángel?

—Sí, enseguida se pone.

De repente se escuchó la voz de Ángel al otro lado y Esther enmudeció.

—¿Hay alguien? ¿Dígame?

—Hola, Ángel... —dijo por fin.

—Hola, ¿quién eres?

—Soy Esther...

—¡Esther! ¡Hombre! ¿Cómo estás? Hace tiempo que espero tu llamada.

—Lo siento... No sabía qué hacer.

—Bueno, ¿y ahora si lo sabes?

—Sí, me gustaría verte...

—A mí también me gustaría verte.

Después de hablar durante largo tiempo, quedaron en verse al día siguiente. Esther fue a recogerlo a la estación de tren y de pronto, al verlo, su corazón empezó a palpitar como queriendo salir del cuerpo y las miradas se cruzaron para decir sin palabras todo aquello que debían haberse dicho mucho tiempo antes. Se fundieron en un abrazo y un beso selló aquel reencuentro.

Desde aquel día, su relación se formalizó. Pasados unos meses, Esther fue presentada en casa de Ángel como su novia y Clara asistía también a las reuniones familiares, puesto que había dejado ya la escuela interna. Parecía que por fin la vida de Esther había encontrado la estabilidad que perdió siendo muy joven. Pero una tarde la madre de Ángel lo llamó para que pasara a verla. Se sentaron en el salón los dos a charlar como solía ser habitual, pero aquella vez la cara de su madre reflejaba preocupación.

—Hijo, me han dicho algo y no sé si creer...

—¿Qué te han dicho, madre?

—Esther, tu novia... ¿Practica la prostitución?

—¿Pero qué dices? ¿Quién te ha dicho tal barbaridad? —se exaltó.

—Hay alguien en el barrio que asegura que ella ejerce en su propia casa y que conoce a uno de sus clientes...

Ángel dejó a su madre con la palabra en la boca y se marchó. Se dirigió directamente a Barcelona, quería saberlo directamente de Esther. Necesitaba que lo negase y así poder hacer frente a tales acusaciones. Cuando llegó al portal, se sentó a pensar en los escalones del rellano. Pasaron varios minutos y de pronto un hombre se cruzó con él.

—Perdón, ¿de qué piso baja? —le preguntó.

—¿Y a usted qué coño le importa? —respondió ofendido el hombre.

Subió y llamó a la puerta. Esther salió envuelta en una toalla.

—¡Hola! ¿Qué haces aquí?

—Hola, Esther. ¿Ibas a la ducha?

—Pues sí, me iba a meter ahora mismo, pero puede esperar.

—Tengo que preguntarte algo y no sé cómo hacerlo... —dijo Ángel.

—Dispara, cielo, yo te escucho.

—¿Eres prostituta? —preguntó finalmente.

Esther se quedó mirando a Ángel y luego agachó la cabeza.

—Sabía que un día u otro te enterarías, no sabía cómo decírtelo...

—¡Dios! ¿Por qué no me dijiste nada? ¡Me lo has escondido dos años!

—Tenía miedo de perderte. ¿Es tan difícil de entender?

Ángel apoyó sus manos en la pared y dejó caer unas lágrimas.

—Lo siento, nunca he querido dañarte, pero no encontraba trabajo y los gastos se acumulaban.

—Te quiero, Esther, te hubiese ayudado, igual que la otra vez.

Esther lo abrazó por la espalda y posó su rostro sobre ella.

—Necesito tiempo para pensar —dijo Ángel.

—No te vayas, por favor, no me dejes. No soportaría perderte de nuevo.

—Solo quiero pensar. Te llamaré, ¿de acuerdo?

Se dejó caer sobre el sofá y se abrió su toalla.

—¡Tápate! —dijo Ángel—. No quiero ver tu cuerpo ahora, no podría soportar tocarte sabiendo que te han tocado hace solo unos minutos.

Ángel se marchó. Ella vio en su mirada la desilusión y el reproche, pero lo entendía.

No llamó durante algunas semanas y ella ya lo daba por perdido. Clara preguntaba por él también y su madre lo excusó inteligentemente. Una mañana de sábado llamó a la puerta y las invitó a comer. Pasaron un día estupendo, pero Ángel estaba frío y distante. No la besaba con la misma intensidad que antes y cuando ella lo acariciaba, él se retiraba. Esther pensó que aquello era lógico, necesitaba aceptarlo poco a poco. Para Ángel aquella situación empezaba a ser insostenible. Sus padres lo coaccionaban para que dejara la relación. La gente de su barrio lo miraba de una manera distinta desde que se había confirmado la noticia de la prostitución de su novia. En la universidad no se podía concentrar en nada, ya que en su mente se repetía una y otra vez la escena de Esther rodeada por los brazos de otro hombre.

Una mañana se acercó a su pupitre una compañera de

Ángel y le preguntó:

—¿Te pasa algo? Te veo muy disperso últimamente y no es normal en ti.

—Hola, Ana. No, estoy bien, gracias.

—Sé lo que dicen de tu pareja en el barrio, pero no debes hacer caso de las habladurías, ¿vale? —lo consoló.

—Lo que pasa es que es cierto, y no puedo soportarlo más...

Su amiga se quedó callada y cogió su mano.

—Sabes que aún te quiero, si necesitas una amiga me tienes aquí.

Ángel había mantenido relaciones con Ana durante dos años, se habían alejado por circunstancias ajenas a ellos, pero en el fondo, para Ángel, Ana había sido el amor de su vida. Levantó la mirada y la besó en la mejilla.

—Gracias, lo sé...

A partir de aquel día pasaban muchas horas juntos. Ángel le contaba sus preocupaciones e inquietudes y Ana sabía escuchar, cosa que complacía enormemente al joven. Un día, al salir de la universidad, Ana le propuso comer juntos. Sus padres estaban de viaje y no le apetecía estar sola en casa; él aceptó. Después de comer y ordenar la cocina, se acomodaron en las butacas del salón y escucharon música suave mientras tomaban el café, pero sin saber cómo se vieron envueltos en un bello romance.

—¿Por qué no dejas a Esther y recuperamos lo nuestro? —

dijo Ana.

—Ya lo había pensado, llevo tiempo deseando que termine, pero lo que siento por ella es algo que no sabría explicar...

—¿La amas?

—No, creo que no es amor, supongo que me da lástima. Tiene una hija y está sola. Antes si sentía algo grande por ella, solo con verla se iluminaba el cielo, pero ahora todo ha cambiado. Por mucho que intento no verla como una prostituta, no puedo.

Ana besó los labios de Ángel suavemente y preguntó:

—¿Me amas a mí?

—Pues... Sí, nunca he dejado de amarte, contigo estoy tranquilo, feliz... Me río de las cosas rutinarias de la vida y tenemos gustos afines y eso me llena mucho.

—Deberás escoger entonces: o ella o yo. No quiero presionarte, pero no pienso compartirte con nadie.

Aquel fin de semana Ángel visitó a Esther y a Clara y después de acostarse la niña, los dos se pusieron a hablar.

—Esther, hemos de hablar...

—¿Dime?

—Lo nuestro no puede continuar, ya no te quiero.

—¡No digas eso! Ángel... Puedo dejarlo si tú me lo pides, buscaré otra cosa, saldremos adelante...

—No, Esther, lo he intentado, pero imaginarte en otra cama que no sea la mía me ha congelado el corazón y ahora solo veo en ti una mujer de la calle, no veo a la mujer de la que me enamoré.

Esther rompió en llanto y abrazó a Ángel. Este se separó de ella y, mientras se dirigía a la puerta, le dijo:

—¿Qué le diré a Clara? Ella estaba ilusionada contigo, quería celebrar su quince cumpleaños.

—No sabes cuánto lo he intentado, he intentado amarte otra vez... Lo siento, despídeme de Clara, por favor. Tú sabrás qué decirle.

CAPÍTULO XIV

Los meses posteriores estuvieron rodeados de tristeza. Cualquier cosa que hacía le recordaba a él: su amor, el único amor sincero que había conocido, el único hombre que la había respetado. Esther lo había estropeado todo por mantener una mentira y la carcomía por dentro. No encontraba refugio para su pesar, así que se enganchó de nuevo a las drogas. Para aliviar el dolor compraba unos gramos de cocaína y así no pensaba en Ángel. Cuando no tenía dinero pagaba con su cuerpo, como hacía tantos años. Pero las cosas se le empezaban a escapar de las manos: cada vez necesitaba más y cada vez estaba peor, más degradada físicamente, cualquier tío le valía si le pagaba. Veinte euros, treinta euros, dinero que cobraba y gastaba al momento. Había perdido la dignidad, el amor propio, el amor de Ángel y estaba a punto de perder el amor y el respeto de su hija.

Clara había cumplido ya los dieciséis años hacía poco y el último año, viviendo al lado de su madre, estaba siendo el más duro desde su nacimiento. Las circunstancias habían obligado a una adolescente a crecer rápidamente, a tomar decisiones e incluso a enfrentarse a su madre en más de una ocasión. Demasiada responsabilidad para una niña que no entendía mucho de todo aquello.

—¡Dios! Mamá, ¿pero te has visto? —dijo Clara.

—Sí, me veo cada día, hija... Cada vez que me miro al espejo veo a la mujer que fui y en la mamarracha en que me he convertido. Tengo treinta y nueve años y parece que tengo sesenta...

—Yo no sé cómo ayudarte. Entre el instituto, el baloncesto, los deberes y las cosas de la casa tengo todo el día ocupado. Pero tú todo el día de aquí para allá, quién sabe dónde y con quién... ¡Yo no he tenido la oportunidad tan siquiera de poder disfrutar de la compañía de mis amigos en mi cumpleaños!

Esther abofeteó a su hija.

—¿Por qué me pegas? —dijo llevando la palma de su mano al rostro.

—No oses ni por un momento faltarme al respeto.

—¿Respeto? ¿Acaso tú conoces el significado de tal palabra? —exclamó—. Me has amargado este último año. Desde que Ángel desapareció de nuestras vidas, tú no eres nadie para mí, solo un estorbo. ¿Qué más ha de pasar para que te des cuenta de que la historia de tu vida la escribes tú?

Clara se encerró en su habitación. Aquella jovencita cariñosa y que nunca había dicho nada que pudiese ofender o molestar a nadie, se había convertido en toda una mujer. Esther necesitaba una dosis para sentirse mejor y no pensar. Salió a la calle en busca de los camellos habituales, pero sin fortuna. Entonces encontró a César tirado entre unos cartones. Iba totalmente colocado, le pidió que le vendiera una de sus papelinas, pero este le dijo que pasaba de eso, que lo que tenía era solo para él. Esther buscó en los bolsillos de la chaqueta de César y, al no encontrar nada, buscó en los bolsillos del pantalón. Él, al notar la mano, la cogió y la puso sobre su paquete.

—¿Esto es lo que buscas?

Esther sacó bruscamente la mano con una bolsita de polvo blanco y se marchó corriendo.

—¡Ven aquí, puta! ¡Devuélveme eso ahora mismo!

César se levantó tambaleándose y persiguió a Esther. La alcanzó justo cuando entraba y la empujó al interior de la escalera.

—¿De qué vas, tía? —dijo golpeándola contra la pared—. ¿Ya no tienes camellos? Normal, mírate, estás hecha una mierda.

—¡Toma tu maldita droga! —contestó tirándole la bolsita a la cara.

—¿Mi droga? No, señora, quiero más, mucho más... Te vas a enterar de una puta vez de quién soy, sabrás cómo es un hombre de verdad...

César arrancó la blusa de Esther y abrió bruscamente la bragueta de su pantalón.

—¡Déjame, cabrón de mierda! ¡Suéltame! –gritó ella.

César la tumbó en las escaleras y la abofeteó. Bajó el

pantalón y la ropa interior, y, abriendo sus piernas, la penetró bruscamente. Mientras aguantaba los brazos de Esther en cruz, César le repetía una y otra vez:

—Te lo dije... Te avisé de que esto pasaría. ¿No te recuerda a algo este momento íntimo?

César se levantó y la subió escaleras arriba y la obligó a abrir la puerta. Una vez entraron, empezó a manosearla de nuevo. En aquel momento salía Clara de su habitación.

—¿Mamá, qué pasa? ¿Quién es?

César vio a Clara al fondo del pasillo. Se la quedó mirando y luego miró a Esther.

—¡Ni se te ocurra tocarla o te mato!

César la empujó contra la pared y se dirigió a la chica. Esther gritó a su hija que se marchara a su habitación. Los gritos de la joven se escuchaban desde el pasillo y Esther sentía como corría por dentro el dolor y el odio. En un momento de lucidez, Esther se dio cuenta de lo que realmente pasaba; una vida, un infierno... Eso habían sido todos aquellos años, pero no solo para ella, sino también para su hija, y lo peor: ¿qué sería lo siguiente para Clara? Tenía que tomar una determinación.

Aquella madrugada se escucharon sirenas de ambulancias, hubo un gran revuelo en la calle: el cuerpo de un hombre yacía sin vida entre los contenedores del callejón. El personal de la ambulancia intentaba recuperar las pulsaciones con *electroshock*, pero todo era inútil: había expirado el último latido de vida. Los coches de policía hicieron acto de presencia y acordonaron la zona. El cadáver estaba tapado con una fina tela dorada. Mientras, un grupo de mujeres que hacían la calle se dirigió hacía allí. Los auxiliares levantaron al hombre y, cuando lo llevaban con la camilla hacía la ambulancia, el aire apartó la tela dejando el rostro del hombre a la vista. Entonces ellas murmuraron:

—¡Es César!

—Sí, lo es... —dijo Esther, que se encontraba entre aquel grupo.

Las mujeres se miraron entre sí y regresaron a sus habituales puntos de trabajo. Esther se quedó mirando cómo se alejaba y luego desapareció entre la multitud. Nunca más se habló de aquello.

Editorial Círculo Rojo es el sello referente en España, para los autores que quieren ver publicada su obra.

Después de más de diez años de experiencia en el sector y miles de escritores en su catálogo, la editorial se ha situado como una de las mejores opciones para aquellos que quieren cumplir su sueño de tener un libro editado.

«Los libros son los espejos del alma»
(Virginia Woolf)

@editorialcirculorojo
www.editorialcirculorojo.com